予約のとれない自由が丘のサロン

# DÉCORの
# グルーデコ・アクセサリー

Gluedeco Accessory

DÉCOR

日本文芸社

## はじめに

グルーデコ®とスワロフスキーのきらめきで
日常をすてきに輝かせてみませんか？

まだグルーデコのレッスンが東京ではされていなかった頃、
ふと目にした、ジュエルボール®の輝き。
ハンドメイドとは思えない完成度の高さに、
「どうやって作るの？」と思ったことが
グルーデコを知るきっかけでした。

その魅力にひき込まれるように受講したグルーデコのレッスン。
いろいろな可能性を秘めたグルーデコにあっという間に魅了されて、
毎日が輝き出したことを思い出し、今でもときめきます。

DÉCOR（デコール）では「グルーデコでHAPPYを届けたい！」という思いから、
「楽しくオリジナリティあふれるレッスン」を胸に、
大好きな自由が丘で活動してまいりました。

カジュアルに、エレガントに、華やかに、シックに。
そして色も形も自由に表現できるグルーデコを
多くの方に楽しんでいただきたい。そんな思いを形にしました。

本書は、初めての方にも、
グルーデコをもっと楽しみたいと思っている方にも
役立つ内容となっております。
DÉCORらしいデザインと色使いをお楽しみください。

DÉCOR
中村明美・鈴木ひと美

# [ contents ]

はじめに ................ 2

|  | | HOW TO MAKE |
|---|---|---|
| レーシーモロッコボールのネックレス ............... | 6 | 46 |
| スクエアネックレス ........................... | 7 | 72 |
| ドロップピアス ............................. | 7 | 73 |
| ジュエルボールとコットンパールのピアス ........... | 7 | 62 |
| クラシカルペイズリーブローチ ................... | 8 | 68 |
| ペイズリーピアス ............................ | 8 | 65 |
| エレガントバタフライのヘアアクセサリー ........... | 9 | 57 |
| シンプルネックレス .......................... | 10 | 66 |
| シンプルバングル ............................ | 10 | 66 |
| ストレートリボンブローチ ...................... | 11 | 50 |
| エンブレムブローチ .......................... | 11 | 48 |
| マリンボールチャーム ......................... | 12 | 54 |
| シェルブローチ .............................. | 12 | 69 |
| フェザーピアス .............................. | 13 | 64 |
| プチリング .................................. | 13 | 60 |
| スプリングフラワーリング、イヤリング＆ネックレス ... | 14 | 61 |
| スターリング ................................ | 14 | 42 |
| スクエアリング .............................. | 15 | 58 |
| ハートリング ................................ | 15 | 59 |
| パステルエタニティリング ...................... | 15 | 58 |
| ハッピーバードブローチ ....................... | 16 | 67 |
| ボタンクリップ .............................. | 16 | 70 |
| パールピアス＆ネックレス ...................... | 17 | 44 |
| あじさいピアス .............................. | 17 | 63 |
| デイジーボールチャーム ....................... | 18 | 71 |
| デイジーバレッタ ............................ | 19 | 52 |
| カフポニー .................................. | 19 | 74 |

基本の道具・・・・・・・・・・・・・・・・・・・・・・・・・・・20
**基本の材料**　グルー・・・・・・・・・・・・・・・・・22
**基本の材料**　パーツ・・・・・・・・・・・・・・・・・24
**基本の材料**　ベース・・・・・・・・・・・・・・・・・25
グルーの基本テクニック・・・・・・・・・・・・・・・26
デコレーションの基本・・・・・・・・・・・・・・・・28
**グルーデコの基本1**　平面的なデコレーション・・・・・30
**グルーデコの基本2**　立体的なデコレーション・・・・・32
**グルーデコの基本3**　ジュエルボールのデコレーション・・・34
**グルーデコの基本4**　フリーセッティングのデコレーション・・・36
アクセサリーパーツのつけ方・・・・・・・・・・・・・38
グルーデコ Q&A・・・・・・・・・・・・・・・・・・・40

Column　グルーデコで市販のアクセサリーをアレンジ！・・・・・75
フリーセッティング作品用型紙・・・・・・・・・・・・・76
グルーデコ協会・材料の購入先について・・・・・・・・78

## 本書の見方

【難易度について】
◆◇◇　初心者でも作れるレベルの作品です。
◆◆◇　作品をいくつか作ったことがある人に適したレベルの作品です。
◆◆◆　グルーの扱いに慣れてきた方向けの作品です。

【材料について】
・本書で紹介している材料の名称はメーカーや販売店によって異なる場合があります。
・チャトンやブリオンなどの個数は目安です。パーツのセッティングの仕方などによって変わる場合がありますので、調整しながら作りましょう。
・チャトンのうしろにある記号と数字は型番を示しています。

【作り方】
作品を作る際の手順です。材料や基本の道具、グルーデコ®の基本については、P.20～40を参照してください。

【POINT】
それぞれの作品について、ポイントとなる手順を写真つきで解説しています。

~ NECKLACE ~

# レーシーモロッコボールのネックレス

エスニックなエレガンスが漂う
モロッコ風のデザイン
長めのチェーンでネックレスに

How To Make　P.46

ゴールド

シルバー

## NECKLACE & EARRINGS

### スクエアネックレス&ドロップピアス

白とゴールドで統一した
幾何学モチーフがかわいいアクセサリー
カジュアルすぎず、大人っぽい印象に

How To Make　P.72,73

## EARRINGS

### ジュエルボールとコットンパールのピアス

人気のコットンパールとの組み合わせで
チャトンの質感を際立たせます
マットな輝きがアクセントに

How To Make　P.62

ブルー

ブロンズ

――― BROOCH ―――
# クラシカルペイズリーブローチ

コットンブレードの縁どりで
クラシックで上品な雰囲気に
ジャケットやワンピースに
合わせたいアイテムです

How To Make　**P.68**

――― EARRINGS ―――
# ペイズリーピアス

モノトーンのペイズリーモチーフは
エスニックでシックなきらめきに
大人の女性にぴったりなデザインです

How To Make　**P.65**

ブルー

グレー

HAIR ACCESSORIES

## エレガントバタフライの
## ヘアアクセサリー

パールとチャトンを敷きつめた蝶は
ゴージャスでやわらかな印象に
和服にも合わせやすいモチーフ

How To Make　P.57

ブルー

シルバー

ゴールド

ピンク

## ～ NECKLACE ～
### シンプルネックレス
4種類のチャトンでグラデーションに
シンプルななかにも華やかさがある
洗練された大人のデザイン

How To Make　**P.66**

ホワイト

ブラック

## ～ BANGLE ～
### シンプルバングル
シンプルネックレスとセットで
つけたいアイテムです
細めのバングルなので普段使いに

How To Make　**P.66**

ホワイト

ブラック

### BROOCH
# ストレートリボンブローチ
真ん中に置いた大きめのビジューが目をひく作品
シンプルなラインが美しい
大人向けのリボンモチーフです

How To Make　P.50

ブラック

ホワイト

### BROOCH
# エンブレムブローチ
チェーンや連爪を組み合わせたラインが楽しいブローチ
マニッシュなモチーフもエレガントに

How To Make　P.48

シルバー

ゴールド

パステル

ホワイト

ブルー

グレー

> BROOCH

## シェルブローチ
さわやかな貝のモチーフ
パステルと白のやさしい色使いで
ロマンチックな印象に

How To Make　P.69

> CHARM

## マリンボールチャーム
ヒトデ、貝、サンゴをデザインした
どの面から見ても楽しめるアイテムです
やわらかな光沢にスエードのタッセルを組み合わせて

How To Make　P.54

レッド
ブルー

◈ EARRINGS ◈

## フェザーピアス

大きめのビジューを大胆に組み合わせて
ビビッドカラーのビジューと羽根で
軽やかな印象に

How To Make　**P.64**

ブルー
レッド

◈ RING ◈

## プチリング

繊細なデザインのリングベースに
明るい色のチャトンを合わせました
小さくても存在感抜群のリングです

How To Make　**P.60**

## RING, EARRINGS & NECKLACE
## スプリングフラワーリング、イヤリング&ネックレス

アクリル製のフラワーパーツが
グルーに立体的に配置された
可憐なアイテムです

How To Make　P.61

グレー

ブルー

## RING
## スターリング

星形のスタッズをちりばめた
ボリュームリング
チャトンの輝きで大人っぽいイメージに

How To Make　P.42

## RING

### スクエアリング

スクエアのチャトンを使った
中性的なデザインのリング

How To Make　**P.58**

ピンク　　ホワイト

## RING

### ハートリング

パールとチャトンの輝きで
ロマンチックなムードに

How To Make　**P.59**

## RING

### パステルエタニティリング

石がとぎれることなくリング台に並ぶことから
「永遠（エタニティ）の愛」の象徴とされています
パステルカラーで清楚に

How To Make　**P.58**

ホワイト　　ピンク

ブルー

グレー

~ BROOCH ~
## ハッピーバードブローチ

グルーのベースを生かしたデザイン
パールやチャトンが立体的に配置された
美しいアイテムです

How To Make **P.67**

~ BUTTON CLIP ~
## ボタンクリップ

コートやジャケットのボタンにかぶせるだけで
華やかな印象になります
ビビッドカラーのビジューと
落ち着いたイメージのパールで

How To Make **P.70**

ビジュー

パール

~ EARRINGS & NECKLACE ~
## パールピアス＆ネックレス
パールだけを使ったシンプルなデザインながら
清楚で存在感のあるアイテムです
シンプルなワンピースと合わせて

How To Make　**P.44**

~ EARRINGS ~
## あじさいピアス
あじさいをイメージした
紫のグラデーションが美しいジュエルボール®
ゆれることで一層きらめきます

How To Make　**P.63**

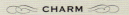

## デイジーボールチャーム

モノトーンのベースに
金属製のフラワーパーツを配置
コントラストが際立つ、大人かわいい印象に

How To Make　P.71

ブラック

ネイビー

## BARRETTE
## デイジーバレッタ

デイジーボールとおそろいのデザイン
お好みに合わせて
ゴールドとシルバーのベースを使い分けて

How To Make　P.52

ネイビー

ブラック

コーラル・ホワイト

コーラル・ミント

マルチカラー

## CUFF PONY
## カフポニー

附属のゴムで髪を結んだら、
結び目にゴールドのフレーム（カフ）をかぶせます
シンプルなポニーテールをスタイリッシュに演出

How To Make　P.74

## 基本の道具
Basic Tools

グルーデコ®の作品作りに必要な道具を紹介します。
専用の道具がおすすめですが、身近なもので代用できるものもあります。

### 使い捨て手袋

素手でグルーを触るとアレルギー症状が出る場合があるので、必ず着用します。手にフィットする、ビニール製やゴム製（粉なし）の使い捨てのものを選びましょう。

### アルコール入りウエットティッシュ

手袋についたグルーや、道具の汚れを拭きとる際に使います。作品完成後の仕上げ磨きにも使用します。

### ビーズトレイ

チャトンなどのパーツが散らばらないよう、ビーズトレイに入れて作業しましょう。色やサイズごとに分けておくと、スムーズに配置できます。

### 精密スケール

グルーの重さを正確に量るために使います。0.01g刻みのものを使用しましょう。

### 粘土用ヘラ

グルーを分けたり、重さを調整したりするときに使います。ティースプーンなどで代用できます。

### バキュームピンセット

チャトンなどを吸引してつかむことができます。先端についている吸い口は、パーツの大きさによって細さを替えることも可能。

### マジカルピック・ペンシル

先端に吸着樹脂がついているので、チャトンなどをキャッチすることができます。ネイルアートなどで使用されています。

### つまようじ

球体の作品を作るときにボールに差し込んで作業します。そのほかにも、グルーで作った形を整えたり、パーツの位置を調整したりする際に活躍します。

### POINT

大きめのチャトンやビジューをのせるときは、つまようじの先端に両面テープを巻きつけて使います。

### ピンセット

ビジューなど大きめのパーツや連爪、チェーンなどをつかむ際に使用します。

### まち針

グルーからチャトンを取るときなどに使用します。

### カッティングマット

作業場所が汚れないよう、カッティングマットや下敷きを敷いて作業しましょう。グルーは一度硬化するとはがれにくくなります。

### ニッパー・ヤットコ

ボールチェーンなどをカットしたり、丸カンなどの金具をつけたりするときに使用します。

### クリアファイル

フリーセッティングの作品を作る際に、下絵をはさんで使います。

### 発砲スチロール

つまようじを差したボールを立てて、硬化させるのに使います。作業を中断するときにも立てておきます。歯ブラシスタンド（左）もおすすめです。

### メラミンスポンジ

リングベースに通して固定します。ウレタンや筒状に丸めたペーパータオルでもよいでしょう。

### ブラスモルド

球体の作品を作る際に使用すると、よりきれいな球体に仕上がります。使い方はP.35を参照してください。

### 接着剤

ブローチなどのパーツをつけるときに使用します。素材に合わせて選びましょう。

# 基本の材料　グルー
### Basic Materials

グルーデコ® に欠かせない材料です。
グルーの基本をしっかり押さえましょう。

### グルーとは

グルーは接着力の強いエポキシ系の接着樹脂粘土です。A剤とB剤がワンセットになっていて、同量ずつ混合すると1時間半で硬化が始まり、24時間で完全に硬化します。グルー製品のなかでも、この本では「wGlue®」を使用しています。wGlue®はB剤に色素が含まれていないため、美しい光沢と鮮やかな発色を楽しむことができます。A剤を複数色混ぜることで自由に色を表現することも可能です。

#### ── グルーの特徴 ──

A剤とB剤を3～4分ほどよく混ぜ合わせることで硬化が始まります。硬化までの目安は1時間半。2時間を超えるとチャトンをセッティングできなくなるので注意しましょう。

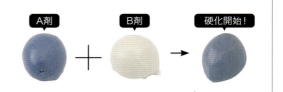

#### ── グルーの混色 ──

この本には、オリジナルカラーのグルーを使った作品もあります。オリジナルカラーはA剤のクリスタルに、ほかの色のA剤を混ぜて作ります。それぞれの割合を参考にして、作品を作りましょう。

| | |
|---|---|
| オリジナルグレー | クリスタル10に対してジェット0.4 |
| オリジナルブルー | クリスタル10に対してライトサファイア1 |
| オリジナルグリーン | クリスタル10に対してペリドット1 |
| オリジナルピンク | クリスタル10に対してライトアメジスト1 |

**【P.65　ペイズリーピアスの場合】**

オリジナルグレー　A剤0.6g（クリスタル0.58g＋ジェット0.02g）＋B剤0.6g＝合計1.2g

＊精密スケールで計量できない小数点第三位以下は、四捨五入して計算しています。
　例）A剤のうちジェットは0.024g→小数点第三位を四捨五入して0.02g

#### 使用上の注意

◎体質によってアレルギー症状が出る場合があるため、グルーを使用する際は必ず使い捨て手袋を着用しましょう。万一異常を感じた場合は医師にご相談ください。
◎お子様やペットが誤飲されないよう、作業・保管は手の届かないところで行ってください。
◎グルーを使用するときは部屋を換気し、長時間の作業は行わないようにしましょう。
◎不純物を混ぜるとグルーが不安定な状態になるので、やめましょう。
◎グルーは硬化するときれいにはがれないため、作業終了後は服や作業場所、床などについていないか確認しましょう。道具を使用したあとは、必ずアルコール入りウエットティッシュで拭きましょう。
◎グルーは直射日光の当たらない、涼しい場所で保管しましょう。

### 取り扱いのポイント

#### 1  直接触らない

体質によってグルーにかぶれる場合があるため、素手では触らないようにします。作業するときは必ず使い捨て手袋を着用しましょう。

#### 2  手袋はぴったりサイズのものを使用する

手袋はシワができないぴったりなサイズを使いましょう。フィットしていない手袋を使うとシワにグルーが入り込んでしまい、手袋につきやすくなります。

#### 3  ウエットティッシュで拭く

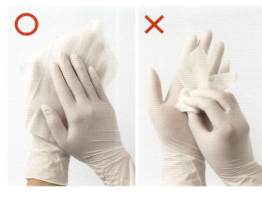

手袋はグルーがつかないよう、アルコール入りウエットティッシュでこまめに拭きます。ゴシゴシと強くこするのではなく、手のひらにはさむようにしてゆっくり拭きましょう。

#### 4  ふたつきケースで保管する

残ったグルーはふたつきのケースに入れ、密封して保管します。

## 基本の材料 パーツ

Basic Materials

チャトンやパール、チェーンなど、さまざまなパーツを使うことで多彩な作品ができます。

### チャトン

裏面がダイヤモンドのようにカットされたストーンで、下側が金属（ホイル）でコーティングされたものとされていないものがあります。作品に合わせて選びましょう。

### パール

樹脂をパール加工したものや、圧縮した綿をパール加工した「コットンパール」などがあります。穴のあいているパールは、穴が見えないようにセッティングしましょう。

### ビジュー

チャトンより大きいサイズや、さまざまな形があるストーン。存在感があり、作品がゴージャスな雰囲気になります。

### ボールチェーン

ボールが連なったチェーンのことで、大きさはさまざま。グルーデコでは縁どりやアクセントに使います。また、この本ではボールチェーン以外のチェーンも使用しています。

### ブリオン

ネイルアートでよく使われるパーツです。ボールチェーンをカットして代用することもできます。

### スタッズ

金属の飾り鋲(びょう)のことで、四角や丸、星などのモチーフがあります。メタリックでクールな印象に。

### 連爪

チャトンがチェーンにひと粒ずつはめ込まれています。縁どりやアクセントに使用します。

### その他のパーツ

ビーズやアクリル製のパーツ、金属パーツなど、ビーズクラフトやネイルアートに使われる素材もグルーデコに用います。手芸店で探してみましょう。

### 金具

パーツをつないだり、アクセントとしてグルーにセッティングしたりします。この本では丸カン（中央）や9ピン（左）、ひき輪と板ダルマ（右上）を使用しています。

## 基本の材料 ベース
Basic Materials

グルーデコ®の作品は、ミール皿やリングなどベースとなるものにグルーを置いて作ります。

### リング

シンプルなものから台座がついたもの、ボリュームのあるものなどがあります。

### ミール皿

UVレジンのクラフトでも人気のベースです。カンつきのものやブローチピン、ヘアゴムつきタイプもあります。

### ピアス・イヤリング

石座つきやカンつきのものなどがあります。イヤリングにはクリップ式やネジバネ式など、ピアスにはフープタイプやアメリカンなどがあるので、お好みで選びましょう。

### バングル

腕につけるアクセサリーで、シンプルでプレーンなものだけでなく、丸皿つきのものなどがあります。この本では登場しませんが、幅の太いタイプもあります。

### ボール芯

球体の作品を作るときに芯として使い、表面をグルーで包んでチャトンを配置します。大小さまざまなサイズがあります。

### バレッタ・コーム

この本ではバレッタとコームの作品を紹介しています。台座つきのヘアピンやかんざしなども市販されています。

### ヒートン・ブローチ

ヒートン（左）は球体の作品につけて使用します。ブローチピンやタイタック（右上）などの金具もあります。二重カンはバッグチャームなどを作る際に使います。

# グルーの基本テクニック
Basic Technique

グルーデコ®の基本的なテクニックとして、グルーの扱い方を紹介します。

### 1　A剤とB剤は同量を混ぜる

A剤とB剤は同量を混ぜることで硬化します。きちんと計量し、同量を混ぜ合わせるようにしましょう。

### 2　手のひらで混ぜる

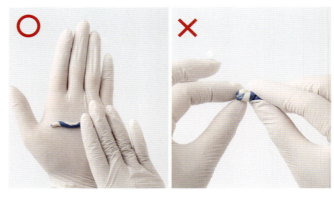

グルーは手のひらの中央部分を使い、両手で転がすようにして混ぜます。指先ではきれいに混ざりません。約3〜4分しっかり混ぜましょう。

### 3　ムラなく混ぜる

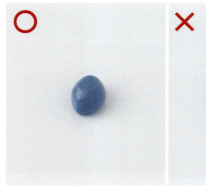

グルーはA剤とB剤をしっかり混ぜ合わせることが大切です。白いB剤が残ったり色がムラになったりしないよう混ぜます。

### 4　丸めて置く

グルーが混ざったら、手のひらで丸めてベースに置きます。

## 5 グルーをベースに広げる

POINT

ベースは裏返したビーズトレイに両面テープで固定すると、作業しやすくなります。

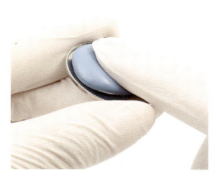

グルーをベースに置いたら、ベースとの間に空気が入らないように注意しながら指でのばしていきます。

POINT ✕

グルーは厚みが均一になるように、ベースの端まで広げます。厚みにムラのないよう丁寧に広げましょう。

## 6 なでるように整える

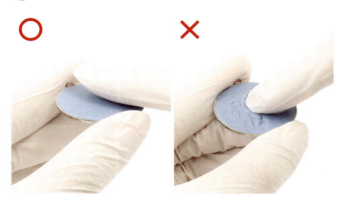

グルーは指の腹でなでるようにして形や表面を整えます。指先で押すようにすると形が崩れるのでNGです。ベースがグルーで汚れたら、アルコール入りウエットティッシュで拭きとります。

## 7 仕上げ磨きをする

チャトンを置いてから24時間経って完全に硬化したら、アルコール入りウエットティッシュで仕上げ磨きをします。

Basic Technique

# デコレーションの基本
次にチャトンなどパーツの配置について解説します。

Basic Technique

## 1  チャトンはビーズトレイに入れる

チャトンはサイズが小さく散らばりやすいパーツです。ビーズトレイに入れると効率的に作業できます。保管の際は色やサイズごとに分けてケースに入れましょう。

## 2  チャトンは上から垂直にとる

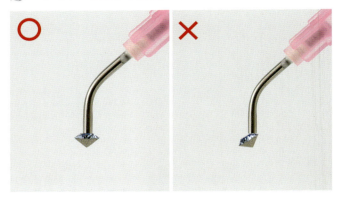

チャトンをとるときは横からではなく、上の部分を吸引してつかみます。こうすることで、グルーに対してチャトンを垂直に置きやすくなります。

## 3  チャトンはグルーに対して垂直に置く

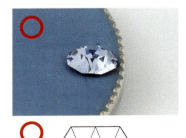

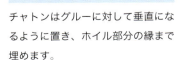

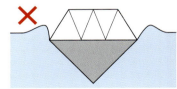

チャトンはグルーに対して垂直になるように置き、ホイル部分の縁まで埋めます。

チャトンが傾いたまま置かないようにします。

チャトンがグルーに深く埋まりすぎないようにしましょう。

## 4 外側から配置する

基本的にはチャトンなどのパーツは外側を縁どるように配置していきます。開始位置は特に決まっていませんが、目立たない部分から始めると最後に調整した部分が目につきにくくなります。

### POINT

チャトンは角度や高さをそろえ、隙間のないように置くと、きれいに仕上がります。写真のように重なりや隙間があると、きれいに仕上がらないだけでなく、チャトンがとれやすくなるので注意しましょう。

## 5 内側のスペースに置く

外側に配置したら、内側のスペースにチャトンを置いていきます。チャトンとチャトンの間に隙間ができないよう、注意して置きます。

### POINT

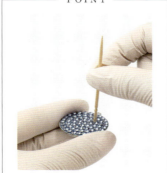

チャトンをすべて配置したら、つまようじのうしろ側で軽く押してチャトンの高さを整えます。

## 6 ベースを拭く

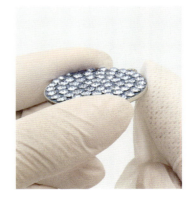

グルーがベースやチャトンについていたら、硬化させる前にアルコール入りウエットティッシュでやさしく拭きとります。

Basic Technique

グレー

ピンク

## グルーデコの基本 1

# 平面的な
# デコレーション

まずは、ミール皿を使った
平面的なデコレーションの方法を紹介します。
シンプルなモロッコデザインで
チャトンを規則的に配置していきます。

### materials 材料

ペンダントトップ(ゴールド・シルバー／3cm) ……… 各1個

【ピンク】
◎グルー
オリジナルピンク ……………… A・B各2g(合計4g)
◎パーツ
スワロフスキーチャトン
a ローズウォーターオパール(SS29) ……………… 1個
a ローズウォーターオパール(PP24) ……………… 16個
a ローズウォーターオパール(PP11) ……………… 8個
b ホワイトオパール(PP24) ……………… 8個
b ホワイトオパール(PP10) ……………… 16個
c クリスタルムーンライト(PP18) ……………… 28個
スクエアチャトン(ホワイトオパール／3mm) ……… 2個
スクエアチャトン(ライトローズ／3mm) ……… 2個

【グレー】
◎グルー
オリジナルグレー ……………… A・B各2g(合計4g)
◎パーツ
スワロフスキーチャトン
a クリスタル(SS29) ……………… 1個
a ライトグレーオパール(PP24) ……………… 16個
a ライトグレーオパール(PP10) ……………… 8個
b ホワイトオパール(PP24) ……………… 8個
b ホワイトオパール(PP10) ……………… 16個
c クリスタルムーンライト(PP18) ……………… 28個
スクエアチャトン(ホワイトオパール／3mm) ……… 2個
スクエアチャトン(クリスタル／3mm) ……… 2個

## how to make 作り方

1

グルーを混ぜ、ベースからはみ出さないようにセッティングする。

--- POINT ---

ベースがグルーで汚れた場合は、アルコール入りウエットティッシュで拭きとる。

2

外側の1周目。ペンダントトップの上下を確認し、**a**(PP24)を上下左右に1個ずつ配置する。**a**(PP24)と**b**(PP10)を交互に配置していく。

--- POINT ---

はじめに上下左右に置くことで、配置の目安になる。

3

2周目。スクエアチャトンのホワイトオパールを上下に置き、ライトローズを左右に置く。その間に**c**(PP18)を5粒ずつ配置する。

4

3周目。*3*の内側に**b**(PP24)をバランスよく配置する。その間を埋めるように**a**(PP11)を置いていく。

5

ベースの中心に**a**(SS29)を置き、4周目は**c**(PP18)を*4*の**a**(PP11)の周りに配置する。24時間硬化させ、仕上げ磨きをして完成。

Basic of Gluedeco 31

## グルーデコの基本 2
# 立体的な
# デコレーション

次は立体的な作品の作り方を紹介します。
ベーシックなリングベースを使った作品の
ポイントをしっかり確認して
作品作りに生かしましょう。

### materials 材料

エタニティリング（シルバー／S） ……………… 1個

◎グルー
アクアマリン ……………… A・B各0.15g（合計0.3g）

◎パーツ
スクエアチャトン（クリスタル／3mm） …………… 7〜8個
スクエア（#4501／アクアマリン／7×3） …………… 7〜8個

how to make　作り方

1

リングベースにメラミンスポンジなどをはめて固定する。こうすることで作業がしやすくなる。

2

グルーを混ぜ、4等分する。

— POINT —
グルーを4等分して、少しずつベースにのせることで均等にセッティングできる。

3

グルーをひも状に伸ばして4分の1周ずつリングベースにのせ、指の腹でしっかりとセッティングする。

— POINT —

グルーは、リングベースの溝の8分目になるようにセッティングすると、チャトンやリングベースの隙間からグルーがはみ出さずにきれいに仕上がる。

4

スクエアチャトンを交互に置く。

— POINT —

チャトンとリングベースの隙間からグルーがはみ出た場合は、まち針などでとり除く。

5

指の腹で形を整え、24時間硬化させる。仕上げ磨きをして完成。

Basic of Gluedeco　33

ブルー
レッド

### グルーデコの基本 3
# ジュエルボールの
# デコレーション

球体のベースにグルーをセッティングした
作品の作り方です。ここでは1色のチャトンを使った
ジュエルボール®を紹介します。
この本ではさまざまなボールの作品を
掲載していますので、基本をマスターしましょう。

## materials 材料

芯になるボール（13mm） ……………………………… 各1個
【レッド】
◎グルー
サン ………………………… A・B各0.65g（合計1.3g）
◎パーツ

スワロフスキーチャトン
　パパラチア／PP18 ………………………………180個
　パパラチア／PP10 ………………………………  5個
【ブルー】グルーをインディゴライトに、スワロフスキーチャトンをブルージルコンにする

## how to make　作り方

### 1

グルーを混ぜ、ボールに均等な厚みでセッティングする。

> **POINT**
>
> 穴の部分にグルーをのせないように注意。

### 2

手のひらで転がし、全体を整える。穴の部分につまようじを差し、固定する。

### 3

ボールが下になるように持ち、つまようじを差した穴の回りにPP18のチャトンを6個置く。

> **POINT**
> ボールにチャトンをセッティングするときは、押し込みすぎないよう、8分目くらいに置き、最後にモルドで整える。

### 4

2周目以降もPP18のチャトンを隙間ができないように置いていく。球体の真ん中まで置いたら、つまようじを持ち変え、穴の部分が下にくるようにし、下から上へチャトンを配置する。

### 5

配置し終わったら、球体をつまようじからそっとはずす。モルドで形を整え、新しいつまようじに替え、24時間硬化させる。ヒートンをつける場合は、P.38を参照。

> **POINT**
> モルドや発泡スチロールなどにつまようじを立てて硬化させる。

Basic of Gluedeco　35

## グルーデコの基本 4
# フリーセッティングのデコレーション

最後は、ベースを使わずに作る方法です。グルー自体をベースにして自由な形の作品を作るテクニックが「フリーセッティング」です。ここではアルファベットの作り方を紹介します。

ブラック
グリーン

### materials 材料

【グリーン】
◎グルー
ペリドット …………………………… A・B各1.5g(合計3g)
◎パーツ
ボールチェーン(ゴールド/1.5mm) ………………… 25cm
スワロフスキーチャトン(ペリドット/PP18) ……… 130個
スワロフスキーチャトン(ペリドット/PP10) ………  20個
＊デザイン画はP.76の型紙を160%に拡大して使用してください。

【ブラック】
◎グルー
ジェット …………………………… A・B各2g(合計4g)
◎パーツ
ボールチェーン(シルバー/1.5mm) ……………… 25cm
スワロフスキーチャトン(ジェット/PP18) ………… 130個
スワロフスキーチャトン(ジェット/PP10) …………  30個
スワロフスキーチャトン(ジェットヘマタイト/PP18) …… 40個

how to make 作り方

## 1

クリアファイルに型紙となるデザイン画をはさんでおく。グルーを混ぜ、デザイン画にそってクリアファイルにのせる。

**POINT**

小さいサイズのクリアファイルを用意すると使いやすい。

## 2

デザイン画からはみ出さないように、均等な厚みでグルーを伸ばす。

**POINT**

グルーの表面は指の腹で整え、縁の部分はつまようじなどで形を整える。

## 3

グルーの周りをボールチェーンで囲む。

## 4

角の部分でチェーンをカットする。角の部分やとがったところで一度チェーンをカットしながらセッティングするときれいに仕上がる。

**POINT**

全体にチェーンをつけたら、つまようじなどで軽く押さえて整える。

## 5

チャトンを外側から縁どりをするように置き、内側を埋める。形を整えて24時間硬化させ、クリアファイルからはずす。仕上げ磨きをして完成。9ピンをつける場合は、P.38を参照。

**POINT**
ブラックはジェット3〜4粒に対して、ジェットヘマタイト1粒の配分で、ミックスしながらバランスよく配置する。

Basic of Gluedeco 37

## アクセサリーパーツのつけ方

アクセサリーに仕立てるときの主な手順を紹介します

▶ 丸カン　チェーンとモチーフをつなげるときに使います。

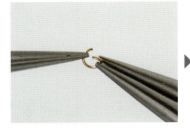

*1* 丸カンの切れ目を上にし、平ヤットコで左側をはさんで固定する。右側を丸ヤットコではさんで手前にねじるようにしてカンを開く。

*2* モチーフなどをカンに通したら、1と同様にヤットコで左右からはさみ、右側を奥にねじるようにしてカンを閉じる。

▶ ヒートン　チェーンを通したいときはヒートンをつけます。

*1* A剤とB剤を混ぜ合わせ、つまようじの先で米粒くらいの大きさにとり、穴に入れる。

*2* ヒートンの傘の裏側にも1のグルーを薄くのせる。グルーの量が多すぎると、ヒートンを入れたときにはみ出すので注意。

*3* ヒートンをボールの穴に入れる。24時間おいて硬化させる。

**POINT**
ヒートンを入れて硬化させるときは、浮き上がってこないようにマスキングテープで固定しておいてもよいでしょう。

▶ 9ピン

▶ ピアスパーツ

*1* フリーセッティングの作品に使用。縁どりのボールチェーンの上から、表面に出てこないように斜めに差し込む。

*1* 台座つきのパーツは、台座にA剤とB剤を混ぜ合わせたグルーを置き、モチーフにつける。

▶ ブローチ①　フリーセッティングで作った作品は裏側にフェルトとピンをつけてブローチにします。

*1* フェルトに作品をのせ、チャコペンで輪郭をなぞる。線の内側にそってフェルトを切る。

*2* フェルトにピンをのせ、ピン幅に合わせてチャコペンで印をつける。印の部分に切り込みを入れ、フェルトにピンをつける。

*3* ピンにA剤とB剤を混ぜ合わせたグルーをつける。

▶ ブローチ②　複雑な形の作品の場合は、レジンを使った方法がおすすめです。

*4* ピンがつく部分を除いて、作品に接着剤をつける。フェルトと作品を貼り合わせ、24時間硬化させて完成。

*1* レジンとは樹脂のことで、UVレジン液は紫外線（UV）をあてると固まる。

*2* 作品の裏側に薄くUVレジン液を塗る。ボールチェーンがとれにくくなるよう、チェーンとグルーの境目にかかるように塗る。

*3* UVライトに約3分間あてる。ぷっくりした感じになるよう、2、3を3〜4回ほど繰り返す。

*4* 中央にピンを置き、ピンの上からUVレジン液を塗る。UVライトに約3分あてて完成。

― POINT ―
作品によって、モチーフの半分より上にブローチピンをつけると、洋服などにつけたときにきれいにとまる。

# グルーデコ Q&A

よくある疑問点をまとめました。

### Q1 チャトンを移動したり、配置しなおしたりしたいときは?

**A** チャトンを移動するときなどは、まち針などを使います。針の先でチャトンを浮かせるようにして移動させたり、チャトンをひっかけるようにしてグルーからとり、配置しなおしたりします。

### Q2 硬化したあとはどれくらいの強度?

**A** この本で使用している「wGlue®」は硬化に伴う収縮が少ないため、ベースやパーツが密着します。「wGlue®」は強い接着力が特徴なので、振動や衝撃の多いバッグチャームなどのアイテムにも使うことができます。

### Q3 余ったグルーは何に使えばいいの?

**A** A剤とB剤を混ぜ合わせたグルーが余った場合は、硬化する前にヒートンやアクセサリーパーツをつける接着剤として使いましょう。また、市販のボタンにグルーをセッティングしてチャトンを置き、オリジナルボタンを作るのもおすすめです。

# HOW TO MAKE
## 掲載作品の作り方

P.6〜19で紹介した作品の作り方です。
基本の作り方も参考にしながら作ってみましょう。

# RING

## スターリング

【ブルー】

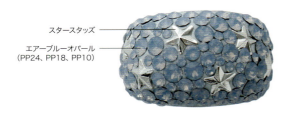

スタースタッズ
エアーブルーオパール
(PP24、PP18、PP10)

ボリュームリングは、落ち着いた色味で大人の雰囲気に。
リングベースの縁にもグルーをのせて、
しっかり形を整えるのがポイントです。

口絵　P.14　／　難易度　◆◆◇

## materials 材料

| | |
|---|---|
| ハーフボリュームリング（シルバー）………………… 各1個 | エアーブルーオパール／PP10……………………… 約30個 |
| 【ブルー】 | 【グレー】グルーをオリジナルグレーに、スワロフスキーチャトンを |
| ◎グルー | クリスタルブルーシェイドにする |
| オリジナルブルー ………………… A・B各1.7g(合計3.4g) | |
| ◎パーツ | |
| スタースタッズ（シルバー／大）………………………… 6個 | |
| スワロフスキーチャトン | |
| 　エアーブルーオパール／PP24 ………………… 約25個 | |
| 　エアーブルーオパール／PP18 ………………… 約60個 | |

## how to make 作り方

### 1

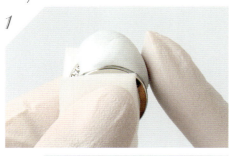

スポンジなどにリングを通して固定する。グルーを混ぜ、丸めてベースの中央にのせ、丸みを残しながら下に伸ばしていく。

### 2

縁の上にもグルーをのせ、指の腹で形を整える。

### POINT

グルーは枠いっぱいまでセッティングする。

*3*

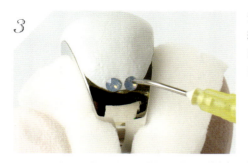

チャトンのPP18をグルーの縁にそって配置する。端の目立たない場所からスタートさせるとよい。

> POINT
>
>
>
> 縁にチャトンを置いたら、指の腹で軽く整える。

*4*

針などでスタッズを置く位置6カ所にバランスよく目印をつける。

*5*

4でつけた目印にスタッズを配置する。

*6*

3つのサイズのチャトンを置く。隙間を埋めるようにし、置くスペースに合わせてチャトンのサイズを調整する。つめすぎないように注意。

> POINT
>
>
>
> 指の腹でチャトンを整える。

*7*

24時間硬化させ、仕上げ磨きをして完成。

# パールピアス&
# ネックレス

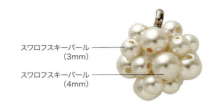

スワロフスキーパール (3mm)
スワロフスキーパール (4mm)

グルーで作ったベースにパールをつけた作品。
パールをつけたら、きれいな球形に整えましょう。
同じ作品でネックレスにも。

口絵　P.17 ／ 難易度　◆◆◇

## materials　材料

【ピアス】
ピアス(U字／ロジウムカラー／20mm×11mm) …………… 1組
◎グルー
クリスタル ………………………… A・B各0.2g(合計0.4g)
◎パーツ
スワロフスキーパール(ホワイト／4mm) ……………… 14個
スワロフスキーパール(ホワイト／3mm) ……………… 26個
ヒートン(シルバー／小) ……………………………… 2個

【ネックレス】
◎グルー
クリスタルA・B各0.1g(合計0.2g)
◎パーツ
スワロフスキーパール(ホワイト／4mm) ……………… 7個
スワロフスキーパール(ホワイト／3mm) ……………… 13個
ヒートン(シルバー／小) ……………………………… 1個
丸カン ………………………………………………… 2個
チェーン(シルバー) ………………………………… 45cm
ひき輪(シルバー) …………………………………… 1個
板ダルマ(シルバー) ………………………………… 1個

## how to make　作り方

**1**

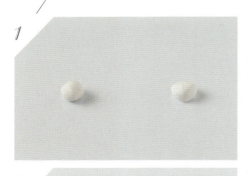

グルーを混ぜて計量し、ピアスの場合は2等分する。扱いやすくするため、丸めて30分ほどおく。

### POINT

2等分するときはヘラで切るときれいに分けやすい。

**2**

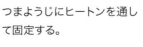

つまようじにヒートンを通して固定する。

## 3

ヒートンの軸の部分に2等分したグルーをつけ、形を整える。

**POINT**

グルーは細長い形に整える。

## 4

ヒートンのついたほうから、パールを順にのせる。1周目は3mmを6個配置する。

## 5

2周目は3mm3個、4mm3個を交互にぐるりとのせる。

## 6

3周目は3mm3個、4mm3個を交互にぐるりとのせ、最後に空いたところへ3mm1個をつける。隙間の大きさに合わせて、3mmか4mmのどちらかを選ぶ。

## 7

指で軽くはさんで形を整える。24時間硬化させ、ピアスパーツをつけて完成。もう片方も同様に作る。ネックレスは、ヒートンにチェーンを通し、丸カンでひき輪と板ダルマをつける。

**POINT**

ヒートンの穴にピアスパーツを通し、平ヤットコで軽くはさんでパーツの口を閉じる。

How to make 45

# NECKLACE

# レーシーモロッコボールのネックレス

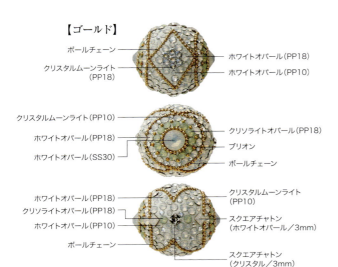

【ゴールド】
- ボールチェーン
- クリスタルムーンライト（PP18）
- ホワイトオパール（PP18）
- ホワイトオパール（PP10）

- クリスタルムーンライト（PP10）
- ホワイトオパール（PP18）
- ホワイトオパール（SS30）
- クリソライトオパール（PP18）
- ブリオン
- ボールチェーン

- ホワイトオパール（PP18）
- クリソライトオパール（PP18）
- ホワイトオパール（PP10）
- ボールチェーン
- クリスタルムーンライト（PP10）
- スクエアチャトン（ホワイトオパール／3mm）
- スクエアチャトン（クリスタル／3mm）

グルーが硬化し始めないうちにチャトンをセッティングしましょう。
バッグチャームにするのもおすすめです。

口絵　P.6　／　難易度　◆◆◆

## materials 材料

| | |
|---|---|
| ボール芯（20mm） | 各1個 |

【ゴールド】
◎グルー
オリジナルグリーン ……… A・B各1.8g（合計3.6g）

◎パーツ
スワロフスキーチャトン
- クリソライトオパール／PP18 ……… 30個
- クリソライトオパール／PP10 ……… 16個
- ホワイトオパール／PP18 ……… 80個
- ホワイトオパール／PP10 ……… 55個
- クリスタルムーンライト／PP18 ……… 20個
- クリスタルムーンライト／PP10 ……… 40個

スクエアチャトン
- クリスタル／3mm ……… 2個
- ホワイトオパール／3mm ……… 4個

スワロフスキーストーン（ホワイトオパール／SS30）……… 2個
ブリオン（ゴールド／1mm）……… 25個
ボールチェーン（ゴールド／1mm）……… 35cm
チェーン（ゴールド）……… 70cm
丸カン（ゴールド）……… 1個

【シルバー】グルーをオリジナルグレーに、チャトンのクリソライトオパールをすべてライトグレーオパールに、ブリオン、ボールチェーン、金具をシルバーにする

## how to make 作り方

### 1

グルーを混ぜ、ボール芯にセッティングする。ボール芯の穴に針を通して、手のひらで転がすようにして形を整える。

### 2

つまようじを差して固定する。糸を巻きつけ、十字に印をつける。

3

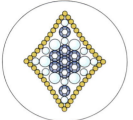

つまようじを差した穴の周りにチャトン(ムーンライト)PP18を6個置く。反対側にも同様にチャトンを置き、真ん中の空いたところにも同じチャトンを置く。

4

図を参考にしてパーツを配置し、チェーンをのせる。反対側も同様に配置する。

**POINT**

チェーンは角の部分でカットしてつける。

5

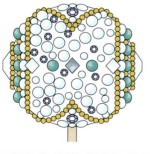

側面部分に、図を参考にしてパーツを配置する。反対側も同様にセッティングする。2でつけた目安の線上、上下の真ん中にあたる部分に、中心のスワロフスキーストーンから置く。

**POINT**

大きいストーンやビジューはつまようじに両面テープを巻いたものを使って置く。

6

別の側面部分も、図を参考にしてパーツを配置する。真ん中の横1列を置いたら、チャトンの種類や大きさを変えて埋めていく。反対側も同様に配置する。

**POINT**

スクエアチャトンから配置する。2でつけた目安の線上、上下の真ん中にクリスタルを置く。スクエアチャトンの間にチャトンを配置する。

7

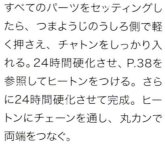

すべてのパーツをセッティングしたら、つまようじのうしろ側で軽く押さえ、チャトンをしっかり入れる。24時間硬化させ、P.38を参照してヒートンをつける。さらに24時間硬化させて完成。ヒートンにチェーンを通し、丸カンで両端をつなぐ。

BROOCH

# エンブレムブローチ

シリコン型を使って作る作品です。
連爪やチェーンを組み合わせて
大人プレッピーなイメージに。

口絵　P.11　／　難易度　◆◆◇

【ゴールド】
- スワロフスキースター（クリスタル）
- ボールチェーン
- メタルスター（シルバー）
- 連爪（ホワイトオパール）
- スワロフスキースター（オーロラ）
- 連爪（ジェット）
- タイニースター（ゴールド）
- オーロラ（PP18、PP10）

## materials　材料

シリコンスタイル（エンブレム／4.5cm×4cm） ……… 1個
◎グルー
【シルバー・ゴールド】
クリスタル ……………………… A・B各6g（合計12g）
◎パーツ
【シルバー】
スワロフスキースター（#4745／オーロラ／10mm）…… 1個
スワロフスキースター（#2816／クリスタル／5mm）…… 2個
タイニースター（シルバー／5mm） ………………… 5個
メタルスター（ゴールド／4mm） …………………… 5個
連爪（#101／ブラックダイヤ／シルバー） ………… 46粒
連爪（#101／ホワイトオパール／シルバー） ……… 25粒
連爪（#100／ジェット／シルバー） ………………… 23粒
スワロフスキーチャトン　オーロラ／PP18 ……… 約10個
オーロラ／PP10 …………… 約4個
ボールチェーン（シルバー／1.5mm） ……………… 15cm
【ゴールド】
スワロフスキーパーツ
スワロフスキースター（#4745／オーロラ／10mm）…… 1個
スワロフスキースター（#2816／クリスタル／5mm）…… 2個
タイニースター（ゴールド／5mm） ………………… 5個
メタルスター（シルバー／4mm） …………………… 5個
連爪（#101／ホワイトオパール／ゴールド） ……… 71粒
連爪（#100／ジェット／ゴールド） ………………… 23粒
スワロフスキーチャトン　オーロラ／PP18 ……… 約10個
オーロラ／PP10 …………… 約4個
ボールチェーン（ゴールド／1.5mm） ……………… 15cm
ブローチピン（シルバー） ………………………… 各1個

## how to make　作り方

**1** グルーを混ぜ、丸めてシリコン型に入れ、伸ばす。

**POINT** シリコン型はレジンクラフトにも使われ、さまざまな形がある。使用する前はほこりやゴミなどがついていないか確認を。

**2** 空気が入らないよう注意しながら、型の隅までグルーをセッティングする。指の腹で表面を整える。

**POINT** セッティングし終わったら、型を裏返して空気が入っていないか確認する。空気が入っていたら、セッティングしなおす。

## 3

連爪を外側から、左、右、左上、右上の順に置く(POINT写真参照)。

### POINT

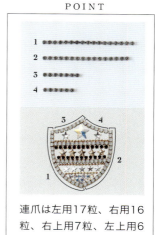

連爪は左用17粒、右用16粒、右上用7粒、左上用6粒にカットしておく。

## 4

写真を参考にして、上から順にパーツを配置する。

## 5

連爪(ジェット)を12粒のせる。

### POINT

グルーにのせたら、ピンセットの先でストーンの間の空きをそろえる。

## 6

写真を参考にして、連爪やタイニースターがきれいにそろうように、順にパーツを配置する。

## 7

一番下の部分は上から一段ずつPP18を配置していき、最後の部分や小さいスペースはPP10を置く。24時間硬化させ、シリコン型から抜く。P.39を参照してブローチピンをつける。

# ストレートリボンブローチ

【ホワイト】
- aクリスタル(PP24、PP18、PP10)
- aクリスタル(SS24)
- aクリスタル(SS29)
- クリスタル(PP18、PP10)
- ホワイトオパール(PP24、PP18、PP10)
- aスワロフスキーパール(3mm)
- ボールチェーン
- aクリスタル(オーバル/8mm×6mm)
- クリスタル(ホイルなし/PP18、PP10)
- aクリスタル(14mm×10mm)

グルーをセッティングする際に少し高低差をつけることで立体的な仕上がりに。輝きの異なるチャトンを使うのもポイントです。

口絵　P.11　／　難易度　◆◆◇

## materials 材料

【ホワイト】
◎グルー
クリスタル …………………… A・B各2.5g(合計5g)
◎パーツ
ボールチェーン(シルバー/1.2mm) ………… 25cm
スワロフスキーチャトン
　aクリスタル/14mm×10mm ……………… 1個
　aクリスタル(オーバル)/8mm×6mm ……… 1個
　aクリスタル　SS29・SS24 ………………… 各1個
　aクリスタル　PP24・PP18・PP10 ……… 各約3個
aスワロフスキーパール(ホワイト/3mm) …… 約3個
a無穴パール(キスカ/1.5mm) ……………… 6個

スワロフスキーチャトン
　クリスタル/PP18 …………………………… 35個
　クリスタル/PP10 …………………………… 10個
　ホワイトオパール/PP24・PP18 ………… 各25個
　ホワイトオパール/PP10 …………………… 15個
　クリスタル(ホイルなし)/PP18 …………… 25個
　クリスタル(ホイルなし)/PP10 …………… 10個
【ブラック】
グルーをオリジナルグレー(クリスタル1.6g+ジェット0.9g)に、スワロフスキーチャトンのホワイトオパールをクリスタルシルバーナイトにする
ブローチピン ………………………………… 各1個
*デザイン画はP.77の型紙をコピーして使用してください。

## how to make 作り方

**1** クリアファイルに型紙となるデザイン画をはさんでおく。グルーを混ぜて0.5gとり分け、残りをデザイン画からはみ出さないよう、写真のようにリボンの輪の部分が高くなるよう、高低差をつけながらセッティングする(P.36参照)。

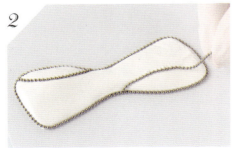

**2** ボールチェーンで輪郭を縁どりする(P.37参照)。リボンの輪の部分にもボールチェーンを置く。

### POINT

デザイン画をコピーし、小さいクリアファイルにはさんでおく。

## 3

1でとり分けておいたグルー0.5gを楕円形に丸め、リボンの中心にのせ、形を整える。

> **POINT**
>
>
>
> 中心のグルーは、デザイン画から少しはみ出るようにセッティングする。

## 4

中心に**a**のパーツをのせる。つまようじに両面テープを巻きつけ、写真を参考にして大きいチャトンから順にのせていく。

## 5

**a**のチャトンとパールで隙間を埋めていく。

## 6

リボンの太い部分のチェーンにそって、チャトン（クリスタル）PP18を配置する。スペースが小さい場合はPP10を置いて調整する。内側にホワイトオパールを置く。

> **POINT**
>
>
>
> ホワイトオパールのチャトンは3つの大きさを外側から内側に向かって、スペースを埋めるようにして置いていく。

## 7

リボンの輪の部分にクリスタル（ホイルなし）のチャトンPP18をチェーンにそって配置する。スペースが小さい部分はPP10を置いて調整する。形を整え、24時間硬化させて完成。P.39を参照してブローチピンをつける。

How to make 51

# デイジーバレッタ

メタルパーツの花で立体感を出します。
花の中央にはパールをつけて、
シックなイメージをプラス。

口絵　P.19 ／ 難易度　◆◆◆

【ブラック】
- チェーン
- 無穴パール（2mm）
- フラワーパーツ（大・中・小）
- ホワイトオパール（PP18、PP10）
- ジェット（PP24、PP10）
- 無穴パール（3mm）

## materials　材料

| | |
|---|---|
| バレッタ（台座つき／ゴールド／10cm） | 各1個 |

【ネイビー】
◎グルー
| | |
|---|---|
| モンタナ | A・B各1.3g（合計2.6g） |
| クリスタル | A・B各0.3g（合計0.6g） |

◎パーツ
| | |
|---|---|
| チェーン（シルバー） | 18cm |
| フラワーパーツ（シルバー／大・中・小） | 各2個 |
| 無穴パール（ホワイト／3mm） | 4個 |
| 無穴パール（ホワイト／2mm） | 2個 |
| スワロフスキーチャトン　ホワイトオパール／PP18 | 約35個 |
| ホワイトオパール／PP10 | 約15個 |
| グラファイト／PP24 | 約45個 |
| グラファイト／PP18・PP10 | 各約10個 |
| グルー（A/B各） | |
| ジェット | 1.3g |

【ブラック】
グルーのモンタナをジェットに、チェーン、フラワーパーツをゴールドに、スワロフスキーチャトンのグラファイトをジェットにする
＊デザイン画はP.77の型紙をコピーして使用してください。

## how to make　作り方

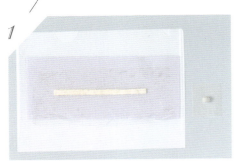

**1**　クリアファイルに型紙となるデザイン画をはさみ、ラップを敷く。クリスタルのグルーを混ぜ、デザイン画からはみ出さないように、均等な厚みでセッティングする（P.36参照）。

POINT
クリスタルのグルーはごく薄くセッティングする。手順5・7で使うので、グルーは少し余らせる。

**2**　モンタナのグルーを混ぜ、ベースにセッティングする。ベースの際までしっかり伸ばし、表面を指の腹で整える。

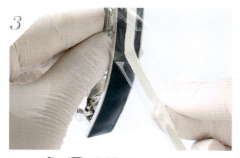

2の真ん中に1のグルーを貼りつける。ラップがほかの面につかないよう、そっとのせる。

POINT

クリスタルのグルーをのせたら、つまようじでベースの際の部分などを整える。

クリスタルのグルーの両端にそわせてチェーンをのせ、整える。

クリスタルのグルー上にフラワーパーツをバランスよく配置する

POINT

チェーンの上に配置する場合は、グルーをごく少量丸めて置いてからパーツを接着させる。1で余ったグルーを使ってもよい。

モンタナのグルーの部分にグラファイトのチャトンPP24とPP10を、クリスタルのグルーの部分にホワイトオパールのチャトンPP18とPP10を置く。スペースを埋めるように、2種類の大きさのチャトンで調整しながら配置する。

POINT

パーツの脇など小さいスペースには、PP10を入れて調整するとよい。

ごく少量のグルーを小さく丸め、パーツの上にのせる。その上にパールを配置する。大・中のフラワーパーツには3mmのパールを、小のフラワーパーツには2mmパールを使う。

How to make 53

# CHARM

## マリンボール チャーム

ベースとなるスペースには、
波の気泡に見立てたチャトンを配置して。
難しい場合は、
モチーフをひとつだけにしてもよいでしょう。

口絵　P.12　／　難易度　◆◆◆

## materials　材料

ボール芯(25mm)‥‥‥‥‥‥‥‥‥‥‥‥‥‥‥‥各1個
【ブルー】
◎グルー
[ベース]オリジナルブルー‥‥‥‥‥‥‥A・B各2.7g(合計5.4g)
[サンゴ]オリジナルグレー‥‥‥‥‥‥‥A・B各0.6g(合計1.2g)
[貝]オリジナルピンク‥‥‥‥‥‥‥‥‥A・B各0.3g(合計0.6g)
[ヒトデ]クリスタル‥‥‥‥‥‥‥‥‥‥A・B各0.3g(合計0.6g)
◎パーツ
ボールチェーン(ゴールド／1.0mm)‥‥‥‥‥‥‥60cm
[ベース]スワロフスキーチャトン
　エアーブルーオパール／PP24‥‥‥‥‥‥‥‥140個
　エアーブルーオパール／PP18‥‥‥‥‥‥‥‥60個
　エアーブルーオパール／PP10‥‥‥‥‥‥‥‥50個
　クリスタルムーンライト／PP18‥‥‥‥‥‥‥15個
[サンゴ]スワロフスキーチャトン
　クリスタル(ホイルなし)／PP24‥‥‥‥‥‥‥10個
　クリスタル(ホイルなし)／PP18‥‥‥‥‥‥‥10個
　クリスタル(ホイルなし)／PP10‥‥‥‥‥‥‥25個
　無穴パール(ホワイト／2mm)‥‥‥‥‥‥‥‥約7個
[貝]スワロフスキーチャトン
　ローズウォーターオパール／PP18‥‥‥‥‥‥15個
　ローズウォーターオパール／PP10‥‥‥‥‥‥15個
　無穴パール(ホワイト／2mm)‥‥‥‥‥‥‥‥約15個
　無穴パール(ホワイト／1.5mm)‥‥‥‥‥‥‥約10個
[ヒトデ]スワロフスキーチャトン
　ホワイトオパール／PP18‥‥‥‥‥‥‥‥‥‥10個
　ホワイトオパール／PP10‥‥‥‥‥‥‥‥‥‥35個
　カプリラウンドバー(ゴールド／3mm)‥‥‥‥10個
　無穴パール(ホワイト／3mm)‥‥‥‥‥‥‥‥1個
　無穴パール(ホワイト／2mm)‥‥‥‥‥‥‥‥10個
ヒートン(ゴールド／中)‥‥‥‥‥‥‥‥‥‥‥1個
二重カン(ゴールド・内径8mm)‥‥‥‥‥‥‥‥1個
バッグチャーム‥‥‥‥‥‥‥‥‥‥‥‥‥‥‥1個
スエードタッセル(ブルー)‥‥‥‥‥‥‥‥‥‥1個
【グレー】
ベース用のグルーをオリジナルグレーに、サンゴ用のグルーをオリジナルブルーに、ボールチェーン・カプリラウンドバー・ヒートン・金具をシルバーに、ベース用チャトンのエアブルーオパールをライトグレーオパールにする
＊デザイン画はP.77の型紙をコピーして使用してください。

## how to make　作り方

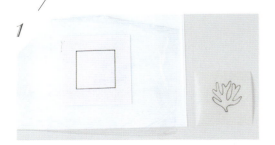

### 1
クリアファイルに型紙となるデザイン画をはさみ、ラップを敷く。サンゴ、貝、ヒトデはデザイン画に小さく切ったクッキングシートなどをのせて鉛筆で描き写す。

### 2
サンゴ用のグルーを混ぜて正方形のデザイン画に薄く伸ばす。サンゴを書いたクッキングシートの描いた面をグルーに貼りつけて転写する。写真のようにペーパーをそっとはずす。

*3*

つまようじでデザイン画の線にそって、余分なグルーをこそげとるようにして、とり除く。ラップが破れないように注意する。貝、ヒトデも同様にグルーを型どりする。

---
POINT

すべてとり終わったら、グルーの端の部分をつまようじの先で少し持ち上げておく。こうすることでグルーがはがしやすくなる。

---

*4*

ベース用のグルーを混ぜ、ボール芯に均等な厚みになるよう、セッティングする（P.35参照）。型どりしたサンゴのグルーをボールに接着する。

---
POINT

ラップがほかの面につかないよう、そっと貼りつける。

---

*5*

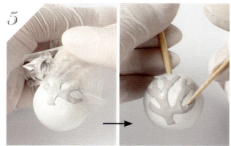

ラップをそっとはがし、つまようじで形を整える。貝、ヒトデも同様にのせる。

*6*

ボールチェーンをモチーフの縁にそってのせる（P.37参照）。

*7*

手順8（P.56）の写真を参考にしてサンゴにパーツを配置する。細かい部分は小さいサイズのチャトンを置く。

How to make 55

## 8

サンゴのパーツを配置し終わったところ。

## 9

写真を参考にして貝にパーツを配置する。

> POINT
>
>
>
> はじめに貝の下の部分から配置し、チャトンとパールを交互に置いていく。

## 10

ヒトデは、中央に3mmの無穴パールを置き、周りにカプリラウンドバー、2mmの無穴パールを配置する。

## 11

ホワイトオパールのチャトンで残りのスペースを埋める。

## 12

ベース部分にチャトンをのせる。ところどころ、バランスを見ながらクリスタルムーンライトを置く。24時間硬化させ、少量のグルーでヒートンをつける(P.38参照)。さらに24時間硬化させて完成。二重カンなどでバッグチャーム、タッセルをつける。

# エレガントバタフライの
# ヘアアクセサリー

パーティシーンにぴったりの蝶モチーフ。
好みの色で作ってみましょう。
コームにしてもかんざしにしても。

口絵 P.9 ／ 難易度 ◆◆◆

【ゴールド】
- スワロフスキーパール（5mm）
- 手順3
- 無穴パール（3mm、2mm）
- 手順5
- チェーン
- ホワイトオパール（SS29、SS24、PP24、PP18、PP10）

## materials　材料

| | |
|---|---|
| コーム（ゴールド／10山）……………………………… 1個 | ホワイトオパール／PP18 ……………………………… 25個 |
| かんざし（ゴールド／カンつき）……………………… 1個 | ホワイトオパール／PP10 ……………………………… 10個 |

【ゴールド】
◎グルー
クリスタル ……………………………… A・B各2g（合計4g）
◎パーツ
チェーン（ゴールド）………………………………… 50cm
スワロフスキーパール（ホワイト／5mm）…………… 3個
無穴パール（ホワイト／3mm・2mm）…………… 各約30個
スワロフスキーチャトン
　ホワイトオパール／SS29 ……………………………… 2個
　ホワイトオパール／SS24 ……………………………… 3個
　ホワイトオパール／PP24 ……………………………… 50個

【シルバー】
チェーンをシルバーに、スワロフスキーチャトンのホワイトオパールをクリスタルに変更
【ブルー】
チェーンをシルバーに、スワロフスキーチャトンのホワイトオパールをライトアゾレに変更
【ピンク】
グルーをオリジナルピンクに、スワロフスキーチャトンのホワイトオパールをローズウォーターオパールにする
＊デザイン画はP.77の型紙をコピーして使用してください。

## how to make　作り方

1. クリアファイルに型紙となるデザイン画をはさんでおく。グルーを混ぜて計量し、2等分する。半分のグルーを右の羽根に均等な厚みになるよう伸ばす（P.37参照）。デザイン画からはみ出さないように注意する。左の羽根も同様にセッティングし、中央部分をつなげる。

2. 中央にスワロフスキーパールを3つ並べる。針などに通してパールを持って配置すると、穴が横にくるのできれいに仕上がる。

3. チェーンを上の羽根から順に配置する。
   POINT 羽根のとがったところなどでカットしながら置くときれいに仕上がる。

4. チェーンにそってチャトンを配置する。
   POINT 羽根の先に向かってチャトンのサイズを大きくしていく。隙間は小さなチャトンで埋めるようにするとよい。

5. 羽根の内側をチャトンにそってチェーンを形作る。
   POINT チェーンはとがったところなどでカットしながら、のせる。

6. 5で作ったチェーンの囲みのなかに、写真を参考にしてパールを配置する。

7. 24時間硬化させ、接着剤などでコームやかんざしにつける。

POINT

中央に置くパールは、上下が少しグルーからはみ出るようにのせる。

## スクエアリング

スクエアチャトン
(クリスタル)

スクエアのチャトンを組み合わせたシンプルなリング。日常使いしやすいデザインです。

口絵　P.15　／　難易度　◆◇◇

### materials　材料

エタニティリング(シルバー／S) ………………… 1個
◎グルー
クリスタル ………………… A・B各0.3g(合計0.6g)
◎パーツ
スクエアチャトン　クリスタル／#4501 ………………… 約30個

### how to make　作り方

1. スポンジなどにリングを通して固定する。
2. グルーを混ぜ、4等分する。グルーをそれぞれひも状に伸ばしてリングベースにのせ、指の腹でしっかりとセッティングする(P.33参照)。
3. スクエアチャトンを縦横2つずつ交互にのせる。形を整えて24時間硬化させ、仕上げ磨きして完成。
   POINT　指輪のサイズによって、必要なチャトンの数は異なるので、チャトンの並びは最後に調整する。

## パステルエタニティリング

ライトローズ
(PP24、PP18、PP10)

ローズウォーターオパール
(PP24、PP18、PP11)

クリスタルムーンライト
(PP24、PP18、PP10)

【ピンク】

パステルカラーの小さなチャトンをちりばめた繊細なリング。チャトンを隙間なく配置しましょう。

口絵　P.15　／　難易度　◆◇◇

### materials　材料

エタニティリング(シルバー／S) ………………… 各1個
◎グルー
【ピンク】オリジナルピンク ………………… A・B各0.35g(合計0.7g)
【ホワイト】オリジナルブルー ………………… A・B各0.35g(合計0.7g)
◎パーツ
【ピンク】
スワロフスキーチャトン
ライトローズ／PP24・PP18・PP10 ………………… 各約10個
ローズウォーターオパール／PP24・PP18・PP11 ……… 各約10個
クリスタルムーンライト／PP24・PP18・PP10 ………… 各約10個
【ホワイト】
スワロフスキーチャトン
ライトアゾレ／PP24・PP18・PP10 ………………… 各約10個
ホワイトオパール／PP24・PP18・PP10 ……………… 各約10個
クリスタルムーンライト／PP24・PP18・PP10 ………… 各約10個

### how to make　作り方

1. スポンジなどにリングを通して固定する。
2. グルーを混ぜ、4等分する。グルーをそれぞれひも状に伸ばしてリングベースにのせ、指の腹でしっかりとセッティングする(P.33参照)。
3. 同じ色が隣り合わないよう、チャトンをバランスよく配置する。形を整えて24時間硬化させ、仕上げ磨きして完成。

# ハートリング

かわいいハート形のリングベースを使って、
かんたんにデコラティブな作品が完成。
パールの輝きで上品な印象に。

口絵　P.15　/　難易度　◆◆◇

【ピンク】
クリスタルムーンライト（PP18）
無穴パール
ローズウォーターオパール（PP18）

## materials　材料

| | |
|---|---|
| ハートリング（シルバー）……………………… 各1個 | クリスタルムーンライト／PP18 ……………………… 7個 |
| ◎グルー | 無穴パール（ホワイト／1.5mm）……………………… 14個 |
| 【ホワイト】クリスタル ……………… A・B各0.4g（合計0.8g） | 【ピンク】 |
| 【ピンク】オリジナルピンク …………… A・B各0.4g（合計0.8g） | スワロフスキーチャトン |
| ◎パーツ | 　ローズウォーターオパール／PP18 ……………………… 8個 |
| 【ホワイト】 | 　クリスタルムーンライト／PP18 ……………………… 7個 |
| スワロフスキーチャトン | 　無穴パール（ホワイト／1.5mm）……………………… 14個 |
| 　クリスタル／PP18……………………………… 8個 | |

## how to make　作り方

1. スポンジなどにリングを通して固定する。

2. グルーを混ぜてリングにのせ、縁からはみ出さないようにセッティングして形を整える。

3. ハートの輪郭にそって、クリスタル（ピンクはローズウォーターオパール）、クリスタルムーンライト、パールの順に縁どるようにのせる。

4. 3の内側にチャトンとパールをバランスよく配置する。形を整えて24時間硬化させ、仕上げ磨きして完成。

# プチリング

【レッド】

パパラチア（PP18）

小さなベースのついたリングに
グルーを少しだけのせて土台を作ります。
小さくても存在感大のアイテムに。

口絵　P.13　／　難易度　◆◇◇

## materials　材料

フォークリング片側おわんつき
（ゴールド・シルバー／フリー11号）……………… 各1個

◎グルー
【レッド】
サン ……………………… A・B各0.15g（合計0.3g）
【ブルー】
インディゴライト ………… A・B各0.15g（合計0.3g）

◎パーツ
【レッド】
スワロフスキーチャトン
　パパラチア／PP18 ……………………………… 約25個
【ブルー】
スワロフスキーチャトン
　インディゴライト／PP18 ……………………… 約25個

## how to make　作り方

*1* スポンジなどにリングを通して固定する。

*2* グルーを混ぜ、手のひらで丸める。リングのおわん部分にのせ、形を整える。

*3* 下から1段ずつチャトンをのせる。形を整え、24時間硬化させる。仕上げ磨きをして完成。

### POINT

丸めたグルーをリングのおわん部分にのせたら、指の腹で形を整える。

# スプリングフラワーリング、イヤリング&ネックレス

アクリル製のパーツを使ったアイテム。
グルーにパーツをのせるだけで華やかな作品になります。

口絵　P.14　／　難易度　◆◇◇

【イヤリング・ネックレス】
クリスタルマット（12cm）
イエローマット（12mm）
ブルーマット（15mm）
クリスタルムーンライト（PP24、PP18）

【リング】
クリスタルマット（12cm）
無穴パール（1.5mm、1.2mm）
ブルーマット（15mm）
イエローマット（12mm）
クリスタルマット（15mm）
クリスタルムーンライト（PP24、PP18）

## materials　材料

【リング】
リング（ゴールド／16mm）……………………… 1個
◎グルー
クリスタル ………………… A・B各0.7g（合計1.4g）
◎パーツ
フラワーパーツ
　クリスタルマット・ブルーマット／15mm ……… 各1個
　クリスタルマット・イエローマット／12cm ……… 各1個
スワロフスキーチャトン
　クリスタルムーンライト／PP24・PP18 ………… 各2個
無穴パール（キスカ／1.5mm・1.2mm）………… 各3〜4個
【イヤリング】
イヤリング（ゴールド／1cm）…………………… 1組
◎グルー
クリスタル ………………… A・B各0.6g（合計1.2g）
◎パーツ
フラワーパーツ
　ブルーマット／15mm …………………………… 2個
　クリスタルマット・イエローマット／12mm ……… 各2個

スワロフスキーチャトン
　クリスタルムーンライト／PP24 ………………… 2個
　クリスタルムーンライト／PP18 ………………… 4個
無穴パール（ホワイト／1.5mm・1.2mm）……… 各10個
【ネックレス】
ミール皿（かんつき／ゴールド／1cm）…………… 1個
◎グルー
クリスタル ………………… A・B各0.3g（合計0.6g）
◎パーツ
フラワーパーツ
　ブルーマット／15mm …………………………… 1個
　クリスタルマット・イエローマット／12mm ……… 各1個
スワロフスキーチャトン
　クリスタルムーンライト／PP24 ………………… 1個
　クリスタルムーンライト／PP18 ………………… 2個
無穴パール（キスカ／1.5mm・1.2mm）………… 各5個
丸カン（ゴールド）………………………………… 1個
チェーン（45cm）………………………………… 1本
ひき輪（ゴールド）………………………………… 1個
板ダルマ（ゴールド）……………………………… 1個

## how to make　作り方

1. スポンジなどにリングを通して固定する。
2. グルーを混ぜ、リングにのせる。中央部分が少し高くなるように形を整える。
3. フラワーパーツをバランスよく配置する
4. フラワーパーツの隙間にパールをのせる。
5. フラワーパーツの中心につまようじなどで接着剤を少量つけ、チャトンをのせる。24時間硬化させ、仕上げ磨きをして完成。

POINT 1
グルーは中央部分が少し高くなるようにしてのせる。グルーの斜面にフラワーパーツを配置する。

POINT 2
無穴パールはフラワーパーツの隙間を埋めるようにしてのせる。

＊イヤリング、ネックレスも同様に作る。イヤリングはグルーを混ぜたら2等分して左右のパーツにセッティングする。ネックレスは丸カンでチェーンにつなぎ、ひき輪と板ダルマを丸カンでチェーンにつなぐ（P.38参照）。

# ジュエルボールと コットンパールのピアス

【ブロンズ】
シルク(PP10)

チャトンのマットな輝きでシックな雰囲気に。
コットンパールと組み合わせることで、質感の違いを際立たせます。

口絵　P.7　/　難易度　◆◆◇

## materials 材料

ピアス(芯立／ゴールド・ロジウムカラー／5mm) ……… 各1組
ピアスキャッチ(丸皿／ゴールド・ロジウムカラー) ……… 各1組
ボール芯(10mm) ……………………………………… 各2個
【ブロンズ】
◎グルー
ライトピーチ ……………………… A・B各0.6g(合計1.2g)
◎パーツ
スワロフスキーチャトン　シルク／PP10 ………… 約420個
コットンパール(1cm) ……………………………………… 2個
【ブルー】
◎グルー
ライトサファイア ……………… A・B各0.6g(合計1.2g)
◎パーツ
スワロフスキーチャトン　デニムブルー／PP10 ……… 約420個
コットンパール(1cm) ……………………………………… 2個

## how to make 作り方

**1**　グルーはA・Bともに0.3gずつ計量し、よく混ぜる。ボール芯につまようじを差し、グルーをセッティングする(P.35参照)。
POINT 作業途中での硬化を防止するため、片方ずつ作ります。

**2**　つまようじを差した穴のまわりからチャトンを置いていく(P.35参照)

**3**　チャトンをすべて配置したら、モルドで形を整え、24時間硬化させる。

**4**　コットンパールは接着剤でピアスキャッチの芯に接着する。

**5**　少量のグルーを用意し、ピアスパーツの芯の部分とボールの穴にグルーをつけて固定する。24時間硬化させ、仕上げ磨きをして完成。もう片方も同様に作る。

> POINT
>
> ピアスパーツにつける際は、少量のグルーをボールの穴とピアスパーツの芯の部分との両方につけ、芯の部分をボールの穴に差し込んで固定する。

# あじさいピアス

紫とピンクのチャトンがキラキラ輝きます。
同じボールの作品でも、
色を替えると印象が変わります。

口絵　P.17　/　難易度　◆◆◇

a プロヴァンスラベンダー (PP18)
b クリスタルムーンライト (PP18)
c ライトローズ (PP18)
d ライトサファイア (PP18)

## materials　材料

| | |
|---|---|
| アメリカンピアス(ロジウムカラー)……………1組 | b スワロフスキーチャトン<br>　クリスタルムーンライト／PP18……………約40個 |
| ボール芯(10mm)……………………………2個 | c スワロフスキーチャトン<br>　ライトローズ／PP18……………………約40個 |
| ◎グルー<br>ライトサファイア…………………A・B各0.7g(合計1.4g) | d スワロフスキーチャトン<br>　ライトサファイア／PP18……………………約40個 |
| ◎パーツ<br>a スワロフスキーチャトン<br>　プロヴァンスラベンダー／PP18………約100個 | ヒートン(ロジウムカラー・小)…………………2個 |

## how to make　作り方

**1** グルーはA・Bともに0.35gずつ計量し、よく混ぜる。ボール芯につまようじを差し、グルーをセッティングする(P.35参照)。
**POINT** 作業途中での硬化を防止するため、片方ずつ作ります。

**2** つまようじを差した穴のまわりからチャトンを置いていく(P.35参照)。
a→b→a→c→a→dのように、aと交互にb～dの順に配置する。

**3** チャトンをすべて配置したら、モルドで形を整え、24時間硬化させる。

**4** 少量のグルーを用意し、ヒートンとボールの穴にグルーをつけて固定する(P.38参照)。24時間硬化させ、仕上げ磨きをして完成。もう片方も同様に作る。

# フェザーピアス

羽根と大きめのチャトンが存在感抜群。
難しそうに見えますが、
かんたんに作ることができます。

口絵　P.13　/　難易度　◆◇◇

【ブルー】
- クリスタル(PP18)
- ホワイトオパール(SS24)
- クリスタル(SS29)
- クリスタル(SS24)
- ブリオン(シルバー)
- ライトアゾレ(SS24)
- アクアマリン(SS29)

## materials　材料

ミール皿(カンつき／シルバー／10mm) ……………… 各2個
ピアス(カンつき／シルバー) ……………………………… 1組
◎グルー
クリスタル ………………………… A・B各0.6g(合計1.2g)
◎パーツ
スワロフスキーチャトン
　クリスタル／SS29 ……………………………………… 1個
　クリスタル／SS24 ……………………………………… 1個
　ホワイトオパール／SS24 ……………………………… 2個
　アクアマリン／SS29 …………………………………… 1個
　ライトアゾレ／SS24 …………………………………… 1個
　クリスタル／PP18 …………………………………… 3〜4個
ブリオン(シルバー／1mm) …………………………… 6〜8個
ガチョウビヨット(グリーン) …………………………… 4本
ガチョウビヨット(クリーム) …………………………… 2本
カシメ(シルバー／1.5mm) ……………………………… 2個
チェーン(シルバー／2.5cm) …………………………… 2本
丸カン(シルバー) ………………………………………… 4個

【イヤリング】
ミール皿(カンつき／ゴールド／10mm) …………… 各2個
イヤリング(カンつき／ゴールド) ……………………… 1組
◎グルー
ライトピーチ ……………………… A・B各0.6g(合計1.2g)
◎パーツ
スワロフスキーチャトン
　ホワイトオパール／SS29 ……………………………… 2個
　ローズウォーターオパール／SS24 …………………… 2個
　パパラチア／SS29 ……………………………………… 1個
　シルク／SS24 …………………………………………… 1個
　シルク／PP18 ………………………………………… 3〜4個
ブリオン(シルバー／1mm) …………………………… 6〜8個
ガチョウビヨット(サーモンピンク) …………………… 4本
ガチョウビヨット(クリーム) …………………………… 2本
カシメ(ゴールド／1.5mm) ……………………………… 2個
チェーン(ゴールド／2.5cm) …………………………… 2本
丸カン(ゴールド) ………………………………………… 4個

## how to make　作り方

**1** グルーを混ぜて2等分し、トレイなどに固定したミール皿にのせ、セッティングする。

**2** 大きなチャトンから配置していく。
POINT チャトンは対角線上に置くとバランスがとりやすい。

**3** 2の隙間にPP18のチャトンとブリオンを置き、24時間硬化させる。仕上げ磨きをする。

**4** ガチョウビヨットは色つきのもの2本とクリーム1本をまとめる。カシメの内側に薄く接着剤をつけてビヨットをはさみ、平ヤットコではさんで固定する。

**5** 丸カンでチェーン、ピアス(イヤリング)パーツの順につなげる。

# ペイズリーピアス

フリーセッティングで作る、
ペイズリーモチーフのアイテムです。
パーツを替えてイヤリングやピンバッジにしても。

口絵　P.8　／　難易度　◆◇◇

【グレー】
- ボールチェーン
- スクエアチャトン（クリスタル）
- ホワイトオパール（PP18）
- 無穴パール（1.5mm）
- クリスタルムーンライト

## materials　材料

ピアス（丸皿／ロジウムカラー） ……………… 各1組
【グレー】
◎グルー
オリジナルグレー …………………… A・B各0.6g（合計1.2g）
◎パーツ
ボールチェーン（シルバー／10mm） ………… 20cm
スクエアチャトン　クリスタル／2mm ………… 2個

スワロフスキーチャトン
　ホワイトオパール／PP18 ………………………… 9個
　クリスタルムーンライト／PP14 ……………… 約14個
無穴パール（ホワイト／1.5mm） ……………………… 4個
【ブルー】
グルーをオリジナルブルーにする
＊デザイン画はP.77の型紙を40％に縮小して使用してください。

## how to make　作り方

*1* クリアファイルに型紙となるデザイン画をはさんでおく。グルーを混ぜ、計量して2等分する。デザイン画からはみ出さないように、グルーを均等な厚みでセッティングする（P.37参照）。

*2* ボールチェーンをペイズリーの輪郭にそってつける（P.37参照）。

*3* 2のチェーンにそうように、ホワイトオパール、クリスタルムーンライトを交互に配置する。

*4* 3の内側にボールチェーンで小さなペイズリーを作る。

*5* 4の内側にスクエアチャトン、無穴パール、クリスタルムーンライトを交互に配置する。

*6* 形を整えて24時間硬化させ、クリアファイルからはずす。少量のグルーを用意し、ピアスパーツの丸皿にグルーをつけ、ペイズリーモチーフの裏側に接着する。24時間硬化させて完成。

# シンプルネックレス＆バングル

【ブラック】

モノトーンのシンプルなセットアイテムです。
グルーをのせてチャトンを配置するだけで、
あっという間に完成します。

口絵　P.10　／　難易度　◆◇◇

## materials　材料

【ネックレス】
ペンダントトップ（バー）……………… 各1個
◎グルー
[ホワイト]クリスタル ……………… A・B各0.15g(合計0.3g)
[ブラック]ジェット ………………… A・B各0.15g(合計0.3g)
◎パーツ
[ホワイト]
a スワロフスキーチャトン
　クリスタル／PP18………………………… 約6個
b スワロフスキーチャトン
　クリスタルムーンライト／PP18 ………… 約6個
c スワロフスキーチャトン
　ホワイトオパール／PP18 ………………… 約6個
d スワロフスキーチャトン
　クリスタルホイルなし／PP18 …………… 約6個
[ブラック]
a スワロフスキーチャトン
　クリスタルブルーシェード／PP18)……… 約6個
b スワロフスキーチャトン
　ブラックダイヤモンド／PP18 …………… 約6個
c スワロフスキーチャトン
　クリスタルシルバーナイト／PP18 ……… 約6個
d スワロフスキーチャトン（クリスタルホイルなし／PP18） 約6個
丸カン（シルバー）………………………… 4個
チェーン（シルバー／20cm）……………… 2本
ひき輪（シルバー）………………………… 1個
板ダルマ（シルバー）……………………… 1個

【バングル】
バングル（直径6.5cm）…………………… 各1個
◎グルー
[ホワイト]
クリスタル ………………………… A・B各1g(合計2g)
[ブラック]
ジェット …………………………… A・B各1g(合計2g)
◎パーツ
[ホワイト]
a スワロフスキーチャトン
　クリスタル（ホイルなし）／PP13 ……… 約30個
b スワロフスキーチャトン
　クリスタルムーンライト／PP13 ………… 約30個
c スワロフスキーチャトン
　ホワイトオパール／PP13 ………………… 約30個
d スワロフスキーチャトン
　クリスタル／PP13 ………………………… 約30個
[ブラック]
a スワロフスキーチャトン
　クリスタルブルーシェード／PP13 ……… 約30個
b スワロフスキーチャトン
　ブラックダイヤモンド／PP13 …………… 約30個
c スワロフスキーチャトン
　クリスタルシルバーナイト／PP13 ……… 約30個
d スワロフスキーチャトン
　クリスタル（ホイルなし）／PP13 ……… 約30個

## how to make　作り方

1　グルーを混ぜ、ベースにセッティングする。

2　チャトンをa→b→c→dの順に交互に配置する。24時間硬化させ、仕上げ磨きをして完成。ネックレスは、丸カンでチェーンにつなぎ、ひき輪と板ダルマを丸カンでチェーンにつなぐ。
　POINT 丸カンのつけ方はP.38を参照。

# ハッピーバードブローチ

ゆるやかな形の鳥モチーフがかわいいブローチ。
グルー部分にパール入りのラメパウダーをつけ、
エレガントな光沢を出しています。

口絵 P.16 ／ 難易度 ◆◇◇

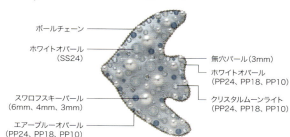

## materials 材料

◎グルー
【ブルー】オリジナルブルー …………… A・B各2.7g(合計5.2g)
【グレー】オリジナルグレー …………… A・B各2.7g(合計5.2g)
◎パーツ
【ブルー】
ボールチェーン(シルバー／1.5mm) …………………………… 25cm
スワロフスキーチャトン
　エアブルーオパール／PP24・PP18・PP10 …… 各約10個
　ホワイトオパール／PP24・PP18・PP10 …… 各約10個
　ホワイトオパール／SS24 ……………………………… 4個
　クリスタルムーンライト／PP24・PP18・PP10 … 各約10個
スワロフスキーパール
　ホワイト／6mm・4mm ……………………………… 各4個
　ホワイト／3mm ……………………………………… 20個
無穴パール(ホワイト／2mm) ……………………………… 約10個
ラメパウダー(ホワイトパール) ……………………………… 適量

【グレー】
ボールチェーン(ゴールド／1.5mm) …………………………… 25cm
スワロフスキーチャトン
　ライトグレーオパール／PP24・PP18・PP10 …… 各約10個
　ホワイトオパール／PP24・PP18・PP10 …… 各約10個
　ホワイトオパール／SS24 ……………………………… 4個
　クリスタルムーンライト／PP24・PP18・PP10 … 各約10個
スワロフスキーパール
　ホワイト／6mm・4mm ……………………………… 各4個
　ホワイト／3mm ……………………………………… 20個
無穴パール(ホワイト／2mm) ……………………………… 約10個
ラメパウダー(ホワイトパール) ……………………………… 適量
ブローチピン(シルバー) ……………………………………… 1個
＊デザイン画はP.77の型紙をコピーして使用してください。

## how to make 作り方

1. クリアファイルに型紙となるデザイン画をはさんでおく。グルーを混ぜ、デザイン画からはみ出さないように、均等な厚みでセッティングする(P.37参照)。

2. ボールチェーンで縁どりする(P.37参照)。

3. チェーンにそって、3mmの無穴パール、エアブルーオパール(グレーはライトグレーオパール)、クリスタルムーンライト、ホワイトオパールの各サイズを交互に置く。

4. 3の内側に6mmのパールとホワイトオパール(SS24)をバランスよく配置し、残りのチャトンやパールをバランスよく置く。

5. 筆にラメパウダーをつけ、グルーにそっとつける。24時間硬化させ、ブローチピンをつけて完成(P.39参照)。

POINT

筆の跡がつかないよう、パウダーはやさしく表面をなでるようにつける。

# クラシカルペイズリーブローチ

大きめのチャトンやパールの
マットな輝きがエレガントなブローチ。
縁に貼ったブレードがアクセントに。

口絵 P.8 ／ 難易度 ◆◇◇

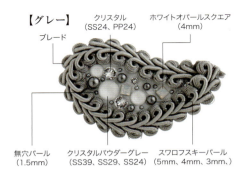

【グレー】
ブレード
クリスタル（SS24、PP24）
ホワイトオパールスクエア（4mm）
無穴パール（1.5mm）
クリスタルパウダーグレー（SS39、SS29、SS24）
スワロフスキーパール（5mm、4mm、3mm）

## materials 材料

（材料）
◎グルー
【ホワイト】クリスタル ……………… A・B各4g（合計8g）
【グレー】オリジナルグレー ………… A・B各4g（合計8g）
◎パーツ
【ホワイト】ブレード（ホワイト） ……………………… 15cm
スワロフスキーチャトン
　クリスタルパウダー／SS39・SS29・SS24 ………… 各1個
　ホワイトオパールスクエア／4mm …………………… 2個
　クリスタル／SS24 ……………………………………… 2個
　クリスタル／PP24 ……………………………………… 1個
スワロフスキーパール
　ホワイト／5mm ………………………………………… 1個
　ホワイト／4mm・3mm ……………………………… 各2個
無穴パール（ホワイト／1.5mm） ……………………… 約10個

【グレー】ブレード（グレー） ……………………………… 15cm
スワロフスキーチャトン
　クリスタルパウダーグレー／SS39・SS29・SS24 …… 各1個
　ホワイトオパールスクエア／4mm …………………… 2個
　クリスタル／SS24 ……………………………………… 2個
　クリスタル／PP24 ……………………………………… 1個
スワロフスキーパール
　グレー／5mm …………………………………………… 1個
　グレー／4mm・3mm ………………………………… 各2個
無穴パール（ガンメタ／1.5mm） ……………………… 約10個
ブローチピン（シルバー） ……………………………… 各1個
＊デザイン画はP.77の型紙をコピーして使用してください。

## how to make 作り方

**1** 前日までにブレードの準備をする。切る前に、必要な長さの両端にほつれどめを塗り、乾かしてから15cmに切る。

**2** クリアファイルに型紙となるデザイン画をはさんでおく。グルーを混ぜ、デザイン画からはみ出さないように、均等な厚みでセッティングする（P.37参照）。

**3** ブレードを縁にそわせながら巻きつける。ペイズリーの細い部分からつけ始め、はじめにつけた端に接着剤をつけてもう片方の端を重ねてとめる。

**4** 大きなチャトンからバランスよく配置する。24時間完全に硬化させ、フェルトとブローチピンをつけて完成（P.39参照）。

### POINT 1

ブレードはそのまま切るとほどけてしまうので、前日までに必要な長さの両端にほつれどめを塗り、しっかり乾かしてから切るとよい。

### POINT 2

ブレードはベースとなるグルーの細い部分から巻きつけ、ブレードの半分がグルーにかかるようにつける。

# シェルブローチ

貝殻のモチーフがかわいいアイテム。
ホワイトシェルはパーツの
質感の違いが際立ちます。
9ピンをつけてバッグチャームにしても。

口絵 P.12 ／ 難易度 ◆◆◆

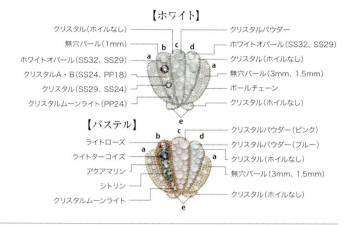

**【ホワイト】**
クリスタル(ホイルなし) ― 無穴パール(1mm) ― ホワイトオパール(SS32、SS29) ― クリスタルA・B(SS24、PP18) ― クリスタル(SS29、SS24) ― クリスタルムーンライト(PP24)
クリスタルパウダー ― ホワイトオパール(SS32、SS29) ― クリスタル(ホイルなし) ― 無穴パール(3mm、1.5mm) ― ボールチェーン ― クリスタル(ホイルなし)

**【パステル】**
ライトローズ ― ライトターコイズ ― アクアマリン ― シトリン ― クリスタルムーンライト
クリスタルパウダー(ピンク) ― クリスタルパウダー(ブルー) ― クリスタル(ホイルなし) ― 無穴パール(3mm、1.5mm) ― クリスタル(ホイルなし)

## materials 材料

**【ホワイト】**
◎グルー
クリスタル ……………………………… A・B各2.5g(合計5g)
◎パーツ
ボールチェーン(シルバー／1.2mm) ……………… 35cm
**a** 無穴パール(3mm) ………………………………… 10個
　 無穴パール(1.5mm) ……………………………… 120個
**b** スワロフスキーチャトン
　 ホワイトオパール／SS29・PP32 ……………… 各1個
　 クリスタル／SS29・SS24 ………………………… 各1個
　 クリスタルAB／SS24・PP18 …………………… 各1個
　 クリスタルムーンライト／PP24 ………………… 1個
　 無穴パール(1mm) ………………………………… 50個
**c** スワロフスキーチャトン
　 クリスタルパウダー(グレー)／SS29・PP32 …… 1個
　 クリスタルパウダー(グレー)／SS24 …………… 3個
　 クリスタルパウダー(グレー)／PP24・PP18 … 各2個
　 クリスタル(ホイルなし)／PP24・PP10 ……… 各4個
　 クリスタル(ホイルなし)／PP18 ………………… 2個
**d** スワロフスキーチャトン
　 ホワイトオパール／SS29・SS24 ……………… 各1個
　 ホワイトオパール／PP32・PP24 ……………… 各2個
　 クリスタル(ホイルなし)／PP24・PP10 ……… 各4個
　 クリスタル(ホイルなし)／PP18 ………………… 2個
**e** スワロフスキーチャトン
　 クリスタル(ホイルなし)／PP24・PP18・PP10 … 各2個

**【パステル】**
◎グルー
オリジナルピンク ……………………… A・B各2.5g(合計5g)
◎パーツ
**a** 無穴パール(3mm) ………………………………… 10個
　 無穴パール(1.5mm) ……………………………… 120個
**b** スワロフスキーチャトン
　 ライトローズ・アクアマリン／SS29 …………… 各1個
　 ライトアゾレ・シトリン／SS24 ………………… 各1個
　 ライトターコイズ・ライトローズ／PP24 ……… 各1個
　 クリスタルムーンライト／PP18 ………………… 1個
　 ブリオン(ゴールド／1mm) ……………………… 50個
**c** スワロフスキーチャトン
　 クリスタルパウダー(ピンク)／SS29・PP32 … 各1個
　 クリスタルパウダー(ピンク)／SS24 …………… 3個
　 クリスタルパウダー(ピンク)／PP24・PP18 … 各2個
　 クリスタル(ホイルなし)／PP24・PP10 ……… 各4個
　 クリスタル(ホイルなし)／PP18 ………………… 2個
**d** スワロフスキーチャトン
　 クリスタルパウダー(ブルー)／SS29・SS24 … 各1個
　 クリスタルパウダー(ブルー)／PP32・PP24 … 各2個
　 クリスタル(ホイルなし)／PP24・PP10 ………… 4個
　 クリスタル(ホイルなし)／PP18 ………………… 2個
**e** スワロフスキーチャトン
　 クリスタル(ホイルなし)／PP24・PP18・PP10 … 各2個
ブローチピン(シルバー) …………………………… 各1個
＊デザイン画はP.77の型紙をコピーして使用してください。

## how to make 作り方

**1** クリアファイルに型紙となるデザイン画をはさんでおく。グルーを混ぜ、デザイン画からはみ出さないように、均等な厚みでセッティングする(P.37参照)。

**2** 真ん中の部分からボールチェーンをのせる(POINT写真参照)。写真を参考にしてチャトンとパール、ブリオンをセッティングする。

**3** 形を整え、24時間硬化させる。ブローチピンをつけて完成(P.39参照)。

### POINT

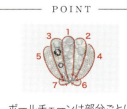

ボールチェーンは部分ごとにのせていく。真ん中から外側に向かってのせるとよい。

# ボタンクリップ

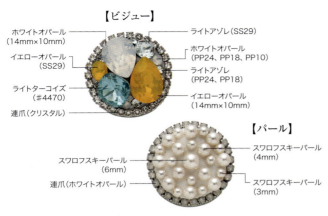

【ビジュー】
- ホワイトオパール（14mm×10mm）
- イエローオパール（SS29）
- ライトターコイズ（#4470）
- 連爪（クリスタル）
- ライトアゾレ（SS29）
- ホワイトオパール（PP24、PP18、PP10）
- ライトアゾレ（PP24、PP18）
- イエローオパール（14mm×10mm）

【パール】
- スワロフスキーパール（6mm）
- 連爪（ホワイトオパール）
- スワロフスキーパール（4mm）
- スワロフスキーパール（3mm）

ボタンにかぶせてジャケットのアクセントに。縁に連爪をつけて、輝きをプラス。初心者でも作りやすい作品です。

口絵 P.16 ／ 難易度 ◆◆◇

## materials　材料

ボタンクリップ（大／直径21mm） ……………… 各1個

【ビジュー】
◎グルー
オリジナルブルー ……………… A・B各0.9g（合計1.8g）
◎パーツ
スワロフスキーチャトン
　イエローオパール（14×10） ……………… 1個
　ホワイトオパール（14×10） ……………… 1個
　ライトターコイズ（#4470）／10mm ……………… 1個
　イエローオパール／SS29 ……………… 1個
　ライトアゾレ／SS29 ……………… 1個
　ホワイトオパール／PP24・PP18・PP10 ……………… 各2個
　ライトアゾレ／PP24・PP18 ……………… 2個
連爪（シルバー×クリスタル／#100） ……………… 28粒

【パール】
◎グルー
クリスタル ……………… A・B各0.9g（合計1.8g）
◎パーツ
スワロフスキーパール（ホワイト／6mm） ……………… 1個
スワロフスキーパール（ホワイト／4mm・3mm） ……… 各12個
連爪（シルバー×ホワイトオパール／#100） ……………… 28粒

## how to make　作り方

**1** グルーを混ぜ、ボタンクリップにのせる。連爪をのせる部分はグルーを薄めにし、ベースと連爪の間からグルーがはみ出さないようにする。

**2** 連爪のストーンが上を向くように、ピンセットなどで調整しながらのせる。

**3** 【ビジュー】大きなチャトンからバランスよく配置する。隙間をPP24、PP18、PP10のチャトンで埋めるようにしてのせる。
【パール】外側からパールを配置する。1段目は4mmのパールを上下左右に4個置いてから、その間に4個置く。空いたところに3mmのパール を8個置く。2段目は、4mmのパールを上下左右に4個置き、その間に3mmのパールを4個置く。中心に6mmのパールを置く。

**4** 形を整え、24時間硬化させて完成。

### POINT

連爪はグルーが見えないようにして、縁にそわせる。手前からのせていくと作業しやすい。全体をのせたら、ピンセットなどで間隔を調節する。

# デイジーボールチャーム

モノトーンにゴールドのフラワーパーツが映えるアイテム。
パーツに立体感があり、目をひきます。

口絵 P.18 ／ 難易度 ◆◆◆

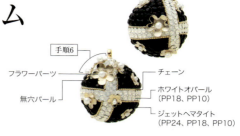

## materials 材料

ボール芯(25mm)･････････････････････････････ 各1個
【ブラック】
◎グルー
a(ベース用)ジェット ････････････････A・B各2.5g(合計5g)
b(接着用)クリスタル ･･･････････････A・B各0.4g(合計0.8g)
c(リボン大)クリスタル ･･････････････A・B各0.3g(合計0.6g)
d(リボン中)クリスタル ･････････････A・B各0.15g(合計0.3g)
e(リボン小)クリスタル ･････････････A・B各0.1g(合計0.2g)
◎パーツ
チェーン(ゴールド) ･･･････････････････････････ 35cm
フラワーパーツ(ゴールド／大) ････････････････････ 2個
フラワーパーツ(ゴールド／中・小) ･･････････････ 各6個
無穴パール(ホワイト／3mm) ･････････････････････ 8個
無穴パール(ホワイト／2mm) ････････････････････ 10個
スワロフスキーチャトン
　ホワイトオパール／PP18 ･･････････････････････ 50個
　ホワイトオパール／PP10 ･･････････････････････ 20個
　ジェットヘマタイト／PP24 ･････････････････････ 95個
　ジェットヘマタイト／PP18 ･････････････････････ 30個
　ジェットヘマタイト／PP10 ･････････････････････ 35個
ヒートン(ゴールド) ･･････････････････････････････ 1個
二重カン(ゴールド・内径8mm) ･･･････････････････ 1個
バッグチャームチェーン(ゴールド) ････････････････ 1個
【ネイビー】グルーのジェットをモンタナに、チェーン・フラワーパーツ・ヒートン・金具をシルバーに、スワロフスキーチャトンのジェットヘマタイトをグラファイトに変更
＊デザイン画はP.77の型紙をコピーして使用してください。

## how to make 作り方

1. クリアファイルに型紙となるデザイン画をはさみ、ラップを敷いておく。グルーを混ぜ、デザイン画からはみ出さないように、均等な厚みでリボン状に伸ばす(P.37、52参照)。cは長いもの、dは中間の長さのもの、eは短いものに使う。
   POINT グルーは多めの分量にしてあるため、少し余ってもよい

2. ボール芯につまようじを差し、aのグルーを混ぜてセッティングする(P.35参照)。

3. 糸で1のグルーをのせる目印をつける。ボールの中心から少し横にずらして縦の線をつけ、次に赤道の位置に線をつける。

4. 1で作ったリボンのうち、cを縦の線にそわせて貼る。次にdを横の線にそわせて貼り、最後にeの横の線にそわせて貼る。d、eは先に貼ったcと重ならないようにする。

5. 4で貼ったリボンの縁にそわせて、チェーンをつける。

6. bのグルーを混ぜて0.6gとり分け、丸めてつまようじのそばのリボンの上に置く。真ん中が高くなるように形を整え、写真を参考にしてフラワーパーツを置いてから、ボール全体にフラワーパーツを配置する。チェーンの上にパーツをのせる際は、米粒大に丸めたグルーをのせてから置く。

7. リボン部分にホワイトオパール、ベース部分にジェットヘマタイト(ネイビーはグラファイト)をのせる。24時間硬化させる。

8. bのグルーの残りをごく小さく丸め、フラワーパーツの中心にのせる。大・中のフラワーパーツには3mmのパールを、小のフラワーパーツには2mmのパールを中心につけ、24時間硬化させる。少量のグルーを用意してヒートンをつけ(P.38参照)、24時間硬化させて完成。

POINT
糸で目安の線をつけるときは、縦は中心から少しずらす。

POINT
グルーで作ったリボンをボールに貼るときは、ラップがベースのグルーにつかないよう注意する。

# NECKLACE

# スクエアネックレス

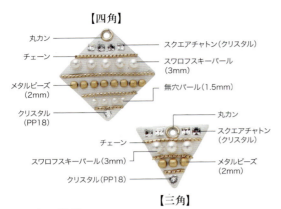

【四角】
- 丸カン
- チェーン
- メタルビーズ(2mm)
- クリスタル(PP18)
- スクエアチャトン(クリスタル)
- スワロフスキーパール(3mm)
- 無穴パール(1.5mm)

【三角】
- 丸カン
- チェーン
- スワロフスキーパール(3mm)
- クリスタル(PP18)
- スクエアチャトン(クリスタル)
- メタルビーズ(2mm)

アクリルのベースを使って作る作品です。金具をつける穴がふさがらないように注意して作りましょう。

口絵　P.7　／　難易度　◆◇◇

## materials　材料

| | |
|---|---|
| デザインプレート(四角・大) | 1個 |
| デザインプレート(三角・大) | 2個 |

◎グルー
- 【四角】クリスタル　　A・B各0.35g(合計7g)
- 【三角】クリスタル　　A・B各0.2g(合計0.4g)

◎パーツ

【四角】
| | |
|---|---|
| 丸カン(ゴールド／0.7×3.5) | 1個 |
| スクエアチャトン　クリスタル／2mm | 4個 |
| スワロフスキーパール(ホワイト／3mm) | 5個 |
| チェーン(ゴールド) | 9cm |
| メタルビーズ(丸／ゴールド／2mm) | 6個 |
| 無穴パール(キスカ／1.5mm) | 4個 |
| スワロフスキーチャトン　クリスタル／PP18 | 2個 |

【三角】
| | |
|---|---|
| 丸カン(ゴールド／0.7×3.5) | 2個 |
| スクエアチャトン　クリスタル／2mm | 8個 |
| スワロフスキーパール(ホワイト／3mm) | 6個 |
| チェーン(ゴールド) | 6cm |
| メタルビーズ(丸／ゴールド／2mm) | 6個 |
| スワロフスキーチャトン　クリスタル／PP18 | 2個 |
| 丸カン(ゴールド) | 5個 |
| チェーン(ゴールド) | 45cm |
| ひき輪(ゴールド) | 1個 |
| 板ダルマ(ゴールド) | 1個 |

## how to make　作り方

1. デザインプレートを両面テープで三角トレイなどに固定する。

2. グルーを混ぜ、1にセッティングする。穴がふさがらないように注意(POINT写真参考)。

3. 穴の周りに丸カンを置き、スクエアチャトン、スワロフスキーパール、チェーン、メタルビーズ、チェーン、無穴パール、チェーン、スワロフスキーチャトンの順に上から配置する。三角はグルーを混ぜて2等分して作る。パーツは四角と同様にして配置する(無穴パールなし)。

4. 24時間硬化させ、丸カンでチェーンにつなぐ。ひき輪と板ダルマを丸カンでチェーンにつないで完成(P.38参照)。

### POINT

デザインプレートの穴の周りは、つまようじなどで伸ばし、穴がふさがらないようにする。

# ドロップピアス

スクエアネックレスと作り方は同じ。
パールとメタルビーズの
マットなきらめきがかわいいアイテムです。

口絵　P.7　／　難易度　◆◇◇

- 丸カン
- スクエアチャトン（クリスタル）
- チェーン
- スワロフスキーパール（3mm）
- メタルビーズ（2mm）
- 無穴パール（1.5mm）
- クリスタル（PP18）

## materials　材料

| | |
|---|---|
| デザインプレート（ドロップ／大） ……………… 2個 | スクエアチャトン　クリスタル／2mm ……………… 8個 |
| ピアス（U字／ゴールド） ……………………… 1組 | スワロフスキーパール（ホワイト／3mm） ……… 8個 |
| ◎グルー | チェーン（ゴールド） ………………………………… 11cm |
| クリスタル ……………… A・B各0.7g（合計1.4g） | メタルビーズ（丸／ゴールド／2mm） …………… 12個 |
| ◎パーツ | 無穴パール（キスカ／1.5mm） …………………… 12個 |
| 丸カン（ゴールド／0.7×3.5） ………………… 2個 | スワロフスキーチャトン　クリスタル／PP18 …… 6個 |

## how to make　作り方

1. デザインプレートを両面テープで三角トレイなどに固定する。

2. グルーを混ぜて2等分し、1にセッティングする。穴がふさがらないように注意（P.72POINT写真参考）。

3. 穴の周りに丸カンを置き、スクエアチャトン、スワロフスキーパール、チェーン、メタルビーズ、チェーン、無穴パール、チェーン、チャトンの順に上から配置する。もうひとつも同様に作る。
   POINT　チェーンはのせながらカットする。

4. 24時間硬化させ、ピアスパーツにつなぐ。

### POINT

穴の位置からずれないよう、丸カンはピンセットでのせる。

# カフポニー

【コーラル・ミント】
ミント
コーラル

ベースにグルーをのせたら、
連爪をセッティングするだけで完成。
かんたんな手順でゴージャスな雰囲気になります。

口絵　P.19　／　難易度　◆◆◇

## materials　材料

カフポニー ………………………………… 各1個
◎グルー
ライトピーチ ………………… A・B各1.5g（合計3g）
◎パーツ
スワロフスキー連爪
【コーラル・ミント】
　コーラル・ミント／3mm ………………… 各96粒

【コーラル・ホワイト】
　コーラル・ホワイトオパール／3mm ………… 各96粒
【マルチカラー】
　ピンク・ミント・コーラル／3mm ………… 各64粒

## how to make　作り方

1　グルーを混ぜて2等分し、カフポニーの左右にセッティングする。

2　均等な厚みにセッティングしたら、全体の縁の部分につまようじで溝をつける。

3　連爪を16粒ずつカットする。

4　2に1色ずつ交互にセッティングする。ラインがずれないよう、まっすぐつける。

5　24時間硬化させ、仕上げ磨きをして完成。

### POINT

グルーの縁の部分に溝をつけることで、連爪とベースの間からグルーがはみ出すのを防ぐ。

# グルーデコで
# 市販のアクセサリーをアレンジ！

これまで紹介してきたように、ベースにセッティングしたり、
フリーセッティングでオリジナルのモチーフを作ったり。
グルーデコ®は、さまざまな作品を作ることができます。
グルーは平らな金属の面であれば、しっかりつけることができるため、
市販のアクセサリーを手軽にアレンジするのもおすすめです。
縁にチャトンを少しつけるだけでも、ぐっと華やかな印象になります。
好みのアイテムが見つかったら、ぜひチャレンジしてみてください。

## 金属製で
## 平らな面のあるものに

グルーは、金属製で平らな面のあるものにしっかりつけることができます。時計の文字盤の縁や、ネックレスやチャームのモチーフなど、アイテムは問いません。実際に使う際は、傷やデコボコがないか確認してからセッティングしましょう。手順は通常のグルーデコ®と同じです。

## 好みのアイテムが
## 手軽に作れる

気に入ったアイテムなのに、シンプルすぎてさみしい。形は好きだけど、もっとゴージャスなものがほしい。そんな悩ましいアクセサリーは、グルーデコ®でアレンジしてみましょう。好みの色のチャトンを配置したり、メタルパーツをつけたり、アレンジの幅は無限大です。

## フリーセッティング作品用型紙

本書の作品で使用する型紙です。
作り方ページに記載している指定の倍率でコピーして使ってください。

◆アルファベット・数字

ABCDE
FGHIJ
KLMNO
PQRST
UVWXY
Z1234

# 56789
# 50

◆デザイン

P.50　ストレートリボンブローチ

P.69　シェルブローチ

P.52　デイジーバレッタ（一番長い型紙を使用）
P.71　デイジーボールチャーム

P.54
マリンボールチャーム

P.67　ハッピーバードブローチ

P.57　エレガントバタフライのヘアアクセサリー

P.65　ペイズリーピアス
P.68　クラシックペイズリーブローチ

Patterns 77

# 一般社団法人 日本グルーデコ協会(JGA)とは

　JGAは、新しいハンドワークである「グルーデコ®」を日本で普及し、これを通して好きなことを仕事にするための応援と育成を目的としています。また、そのような方々のコミュニティを広げ、ともに成長することで質の高い価値を追求する場になることを目指しています。

　グルーデコ®の講師を育成する取り組みとして、JGA認定講師講座を開講しています。さらに、スキルアップレッスンやセミナーを定期的に開講し、認定講師となったあとも、技術力はもちろん、講師力やコミュニケーション力の向上など、バックアップに力を入れています。

## JGAの主な活動内容

1. 講師認定証の発行
2. 認定講師の独立開業支援および運営・営業支援
3. 教材・教具の研究と開発
4. グルーデコ®の普及に努め、ハンドメイド作品の社会的地位向上を目指す

## 認定講師になるには?

　JGAの認定講師になるためには、JGA認定講師講座の受講が必要となります。カリキュラムは、大きくアクセサリー講座と、Jewelball®講座の2つに分かれており、合わせて全6講座(各2時間)の受講で合計8作品を制作します。認定講師講座の修了後に認定証が授与され、認定講座を開講することができます。

　各講座の内容は、P.79に記載のJGAのホームページにて確認することができます。受講を希望される方は、JGAまたはお近くの認定講師の教室・サロンへお問い合わせください。